plurall

CB136215

Parabéns!
Agora você faz parte do **Plurall**, a plataforma digital do seu livro didático! Acesse e conheça todos os recursos e funcionalidades disponíveis para as suas aulas digitais.

Baixe o aplicativo do **Plurall** para Android e IOS ou acesse **www.plurall.net** e cadastre-se utilizando o seu código de acesso exclusivo:

AASGD7FMR

Este é o seu código de acesso Plurall. Cadastre-se e ative-o para ter acesso aos conteúdos relacionados a esta obra.

@plurallnet

@plurallnetoficial

SOMOS EDUCAÇÃO

WILLIAM ROBERTO CEREJA

Professor graduado em Português e Linguística e licenciado em Português pela Universidade de São Paulo (USP)

Mestre em Teoria Literária pela Universidade de São Paulo (USP)

Doutor em Linguística Aplicada e Análise do Discurso pela PUC-SP

Professor da rede particular de ensino em São Paulo, capital

CAROLINA DIAS VIANNA

Professora graduada e licenciada em Português pela Universidade Estadual de Campinas (Unicamp)

Mestra em Linguística Aplicada pela Universidade Estadual de Campinas (Unicamp)

Doutora em Linguística Aplicada pela Universidade Estadual de Campinas (Unicamp)

Professora das redes pública e particular de ensino nos Estados de São Paulo e Minas Gerais

Gramática Reflexiva

7

Ensino Fundamental
Anos Finais

Atual Editora

Atual Editora

Presidência: Guilherme Alves Melega
Vice-presidência de educação digital: Camila Montero Vaz Cardoso
Direção editorial: Lidiane Vivaldini Olo
Gerência de conteúdo e design educacional: Julio Cesar Augustus de Paula Santos
Gestão e coordenação de área: Renato Luiz Tresolavy
Edição: Paula Junqueira e Ingrid Favoretto Falcão
Aprendizagem digital: Renata Galdino (ger.), Beatriz de Almeida Pinto Rodrigues da Costa (coord. Experiência de Aprendizagem), Carla Isabel Ferreira Reis (coord. Produção Multimídia), Daniella dos Santos Di Nubila (coord. Produção Digital), Rogerio Fabio Alves (coord. Publicação)
Planejamento e controle de produção: Flávio Matuguma (ger.), Juliana Batista (coord.), Renata Caroline de Oliveira Mendes (analista) e Jayne Ruas (analista)
Revisão: Letícia Pieroni (coord.), Aline Cristina Vieira, Anna Clara Razvickas, Carla Bertinato, Daniela Lima, Danielle Modesto, Diego Carbone, Elane Vicente, Kátia S. Lopes Godoi, Lilian M. Kumai, Luíza de Almeida T. Gonçalves, Malvina Tomáz, Marília H. Lima, Paula Freire, Paula Rubia Baltazar, Paula Teixeira, Raquel A. Taveira, Ricardo Miyake, Shirley Figueiredo Ayres, Tayra Alfonso e Thaise Rodrigues
Arte: Fernanda Costa da Silva (ger.), Kleber de Messas (líder de projeto) e Carlos Roberto de Oliveira (edição de arte)
Diagramação: Arte4 Produção Editorial
Iconografia e tratamento de imagem: Roberta Bento (ger.), Iron Mantovanello Oliveira, Thaisi Albarracin Lima e Cristina Akisino (pesquisa iconográfica), Fernanda Crevin (tratamento de imagens)
Licenciamento de conteúdos de terceiros: Roberta Bento (ger.), Jenis Oh (coord.), Liliane Rodrigues, Raísa Maris Reina, Sueli Ferreira e Cristina Akisino (analistas de licenciamento)
Ilustrações: Biry Sarkis, Filipe Rocha e Jean Galvão
Design: Erik Taketa (coord.) e Gustavo Vanini (proj. gráfico e capa)
Foto de capa: Freepik

Avenida Paulista, 901, 6º andar – Bela Vista
São Paulo – SP – CEP 01310-200
http://www.somoseducacao.com.br

Dados Internacionais de Catalogação na Publicação (CIP)

Cereja, William Roberto
Gramática reflexiva 7 : ensino fundamental : anos finais / William Roberto Cereja, Carolina Dias Vianna. -- 6. ed. -- São Paulo : Atual Editora, 2024.

Bibliografia
ISBN 978-65-5945-128-9 (aluno)
ISBN 978-65-5945-132-6 (professor)

1. Língua portuguesa - Gramática (Ensino Fundamental) I. Título II. Vianna, Carolina Assis Dias

23-1391 CDD 372.61

Angélica Ilacqua – Bibliotecária – CRB-8/7057

Dados Internacionais de Catalogação na Publicação (CIP)

Cereja, William Roberto
Gramática reflexiva 7 [livro eletrônico] : ensino fundamental : anos finais / William Roberto Cereja, Carolina Dias Vianna. -- 6. ed. -- São Paulo : Atual Editora, 2024.
PDF

Bibliografia
ISBN 978-65-5945-146-3 (aluno)
ISBN 978-65-5945-151-7 (professor)

1. Língua portuguesa - Gramática (Ensino Fundamental) I. Título II. Vianna, Carolina Assis Dias

23-1395 CDD 372.61

Angélica Ilacqua – Bibliotecária – CRB-8/7057

2024

2024
6ª edição
1ª impressão
CAE 820956 (aluno)
CAE 820967 (professor)
ISBN 978-65-5945-128-9 (aluno)
ISBN 978-65-5945-132-6 (professor)
De acordo com a BNCC.

Impressão e acabamento: Bercrom Gráfica e Editora

Uma publicação SOMOS EDUCAÇÃO

APRESENTAÇÃO

Caro estudante,

Esta gramática foi escrita para você, falante da língua portuguesa. Para você que interage com outras pessoas, expressando suas opiniões, seus desejos, seus sentimentos e suas ideias.

Para você que se surpreende com os inúmeros significados de uma palavra ou expressão.

Para você que, mesmo diante de um texto difícil, não desiste de tentar compreendê-lo.

Para você que se diverte com palavras, expressões e frases de duplo sentido.

Para você que tem sempre, na ponta da língua, estas perguntas: "O que isso significa?", "Por quê?".

Para você que gosta de ler e de escrever.

Para você que gosta de falar e de ouvir, trocando ideias.

Para você que se liga num anúncio publicitário, num meme e em textos criativos no geral, que "jogam" com a linguagem.

Para você que, dependendo da situação, sabe usar tanto uma linguagem descontraída e informal quanto uma linguagem formal, de acordo com a norma-padrão da língua.

Para você que transita entre textos de variados gêneros: didáticos, instrucionais, publicitários, jornalísticos, literários, científicos, etc.

Para você que sabe que o sentido de um texto não é construído apenas pelo que é dito, mas também pelo que não é dito e pelo contexto em que se diz.

Enfim, esta gramática foi escrita para ajudar você a aprimorar sua capacidade de uso da língua portuguesa e, assim, tornar-se mais hábil em suas interações com o mundo, seja lendo, seja produzindo textos, orais ou escritos.

Um abraço,
Os Autores.

A um amigo.

Agradecimentos

Agradecemos o empenho e o cuidado de toda a equipe editorial — Renato Luiz Tresolavy, Paula Carolina C. Junqueira e Ingrid Favoretto Falcão — e a primorosa pesquisa iconográfica de Cristina Akisino.

Os Autores.

SUMÁRIO

CAPÍTULO 1

Biry Sarkis/Acervo da editora

CAPÍTULO 2

Biry Sarkis/Acervo da editora

CAPÍTULO 3

CAPÍTULO 4

CAPÍTULO 5

Jean Galvão/Acervo da editora

CAPÍTULO 6

Filipe Rocha/Acervo da editora

CAPÍTULO 7

Jean Galvão/Acervo da editora

CAPÍTULO 8

CAPÍTULO 9

CAPÍTULO 10

Filipe Rocha/Acervo da editora

· CAPÍTULO ·

1

O pronome

Construindo o conceito

Leia esta tira:

Adão Iturrusgarai/Acervo do cartunista

(*Folha de S.Paulo*, 2/3/2007.)

1. A tira aborda um tema social bastante importante. Que tema é esse?

---

2. De acordo com o 1º quadrinho, Alininha trabalha 12 horas por dia na fábrica de tênis. Que aspectos visuais do quadrinho confirmam essa longa jornada de trabalho?

---

3. O 2º quadrinho faz uma oposição entre "infância perdida" e "infância roubada". Qual é a diferença de sentido dessas expressões?

---

4. Observe, no último quadrinho, as palavras que identificam as gavetas.

a) Qual é o sentido dessas palavras?

b) Por que essas palavras estão no diminutivo? Qual palavra da legenda confirma sua resposta?

5. A tira aborda, de forma satírica, isto é, por meio de humor, um tema social grave. Explique de que forma é criada essa sátira.

Releia estas frases da tira para responder às questões 6 e 7:

- "Assim, ela tem **sua** infância perdida..."
- "**Seu** chefe guarda a sete chaves as infâncias de todos os **seus** miniempregados."

6. Nas duas frases, os termos em destaque estabelecem relações entre palavras.

a) Na expressão "sua infância", a quem a palavra **sua** se refere?

b) A quem a palavra **seu**, da expressão "seu chefe", se refere?

c) A quem a palavra **seus**, da expressão "seus miniempregados", se refere?

d) Com quais palavras das frases os termos em destaque concordam em pessoa? E em gênero e número?

7. Considerando suas respostas à questão 6, troque ideias com os colegas e o professor e conclua:

a) Entre os tipos de relação listados a seguir, marque com um X aquele que melhor descreve a função do termo em destaque na primeira frase.

Adão Iturrusgarai/Acervo do cartunista

☐ A infância de que Alininha é dona.

☐ A infância que Alininha vive.

☐ A infância de que Alininha gosta.

☐ A infância que Alininha deseja.

b) Na segunda frase, pode-se considerar que os termos em destaque constroem relações de:

☐ afetividade e consideração.

☐ subordinação e superioridade.

☐ intimidade e parentesco.

c) A expressão "sua fábrica" pode se referir tanto à Alininha quanto ao chefe. Em qual desses casos a palavra **sua** indica que a pessoa é dona da fábrica? Que relação é estabelecida no outro caso?

____

____

____

____

____

____

8. Siga o exemplo e complete as frases abaixo, levando em conta o emprego das palavras **sua**, **seu** e **seus** na tira:

Sua fábrica [de Alininha] → A fábrica dela.

a) Sua infância perdida [de Alininha]. → A infância perdida ____________.

b) Seu chefe [de Alininha]. → O chefe ____________.

c) Os seus miniempregados [do chefe]. → Os miniempregados ____________.

Conceituando

Pronomes possessivos

No estudo da tira, você viu que as palavras **sua**, **seu** e **seus** podem estabelecer diversas relações entre os termos que conectam, entre elas a relação de posse. Essas palavras são chamadas **pronomes possessivos**.

Os pronomes possessivos variam de acordo com as três pessoas do discurso e concordam em gênero e número com o elemento que se relaciona à pessoa. Assim, o emprego de **sua** em "sua infância" está no feminino e no singular porque concorda com **infância**. E o mesmo ocorre com os pronomes **seu** (chefe) e **seus** (miniempregados).

Pronomes possessivos são aqueles que indicam relações diversas, como a de posse, entre dois ou mais elementos.

CONTRAPONTO

Embora a qualificação **possessivo** remeta diretamente à relação de posse, esta é apenas uma das possibilidades de sentido que os pronomes possessivos podem estabelecer entre os elementos que conectam. Leia o trecho a seguir, de Antonio Prata:

[...]

A **minha** história não é menos triste. Por uma década, eu e a **minha** mulher vivemos felizes. Tivemos dois filhos, viajamos o mundo, assistimos a "Família Soprano", "Breaking Bad" e "Mad Men". Eu achei que era pra sempre (ainda nem havíamos começado "Game of Thrones"), mas nos últimos meses **meu** casamento vem sendo ameaçado pelo carregador do iPhone. Segundo creio eu e o Código Civil brasileiro (Livro 4, "Do direito de família", a partir do artigo 1.511) a comunhão parcial de bens, regime em que nos casamos, faz com que tudo o que adquirimos desde que pusemos as assinaturas no livrão da juíza pertença aos dois, o que inclui **nossa** casa, **nosso** Honda Fit 2012, a TV na qual assistimos às **nossas** séries e — por que não? — **nossos** carregadores de iPhone.

[...]

(Disponível em: https://www1.folha.uol.com.br/colunas/antonioprata/2016/11/1829787-comunhao-parcialissima-de-bens.shtml. Acesso em: 16/2/2023.)

Além da relação de posse, estabelecida nas expressões "nossa casa", "nosso Honda Fit 2012" e "nossos carregadores de iPhone", encontramos outros sentidos para as expressões compostas de pronomes possessivos, entre elas:

"minha história": a história que ele vive

"minha mulher": a mulher com quem ele se casou

"meu casamento": o relacionamento do qual ele faz parte

"nossas séries": as séries das quais ele e a mulher gostam

São estes os pronomes possessivos de nossa língua, referentes às três pessoas do discurso:

Pronomes pessoais retos	Pronomes possessivos
eu	meu, meus, minha, minhas
tu	teu, teus, tua, tuas
ele, ela	seu, seus, sua, suas
nós	nosso, nossos, nossa, nossas
vós	vosso, vossos, vossa, vossas
eles, elas	seu, seus, sua, suas

Pronomes demonstrativos

Leia o texto a seguir.

O que é aquele pulinho que a gente dá quando começa a dormir?

Essas contrações musculares bruscas e involuntárias são chamadas pelos médicos de *mioclonias*, atingem cerca de 70% das pessoas e costumam ocorrer no início da noite, antes das fases mais profundas do sono.

PRPicturesProduction/Shutterstock

[...]

Frederick Coolidge, psicólogo da Universidade do Colorado, propôs que as mioclonias são uma herança darwiniana dos macacos que viviam em árvores: quando o animal relaxava *demais* durante o sono, ele corria o risco de escorregar do galho e cair no chão.

Dessa forma, o espasmo involuntário seria um susto "do bem", planejado para despertar o indivíduo a tempo de evitar sua queda. Essa hipótese pode explicar por que as mioclonias podem vir acompanhadas da sensação de queda livre.

(Disponível em: https://super.abril.com.br/coluna/oraculo/o-que-e-aquele-pulinho-que-a-gente-da-quando-comeca-a-dormir/. Acesso em: 19/3/2023.)

No título do texto, a palavra **aquele** se refere a **pulinho** e contribui para reforçar sua particularização, marcando que não se trata de qualquer pulinho, mas, conforme o trecho, "aquele pulinho que a gente dá quando começa a dormir", o qual o enunciador pressupõe que seja conhecido do leitor. No primeiro parágrafo, a expressão **essas contrações** retoma o "pulinho" do título, explicando que a sensação corresponde a "contrações musculares bruscas e involuntárias". No terceiro parágrafo, as expressões **dessa forma** e **essa hipótese** também contribuem para o encadeamento das frases e para a coesão do texto como um todo, uma vez que fazem referência a elementos anteriormente mencionados.

Observação

Os pronomes demonstrativos também podem se unir a outras palavras, gerando formas mistas como **nessa** (em + essa), **desta** (de + esta), **daquela** (de + aquela), etc.

Palavras como **aquele** e **essa** são pronomes demonstrativos. Esses pronomes são palavras utilizadas para fazer referência a elementos internos ou externos ao texto, podendo indicar a posição física do elemento a que se referem, bem como sua localização temporal ou seu lugar no próprio texto, em relação às três pessoas do discurso.

Pronomes demonstrativos são aqueles que fazem referência a elementos internos ou externos ao texto, situando-os em relação às três pessoas do discurso. Essa localização pode se dar no espaço, no tempo ou no próprio texto.

A gramática normativa classifica os pronomes demonstrativos da seguinte forma:

Pronomes demonstrativos			
	Masculino	Feminino	Neutro
1ª pessoa	este, estes	esta, estas	isto
2ª pessoa	esse, esses	essa, essas	isso
3ª pessoa	aquele, aqueles	aquela, aquelas	aquilo

Emprego dos pronomes demonstrativos

Em relação ao espaço

Leia os quadrinhos a seguir.

Ivan Cabral/Arquivo do cartunista

Observe que, no 1º quadrinho, quando a personagem se refere à sua máquina, ela está muito próxima dela, está segurando a máquina e, portanto, o pronome **esta** (máquina) é utilizado para representar sua fala. No 2º quadrinho, a personagem está um pouco distante do homem que tira a foto e, por isso, na representação de sua fala é utilizado o pronome **esse** (moço); já no 3º quadrinho, o marido da mulher se refere ao homem que foge com a máquina empregando a palavra **aquele**, pois ele já está distante dos dois.

Essa forma de representar as falas dos personagens marcando a diferença entre os usos de **esta** e **esse** ocorre porque, de acordo com a norma-padrão, os pronomes demonstrativos de 1ª pessoa — **este(s)**, **esta(s)**, **isto** — são empregados quando a coisa demonstrada está próxima do locutor, isto é, da pessoa que está falando, e os pronomes demonstrativos de 2ª pessoa — **esse(s)**, **essa(s)**, **isso** — são empregados quando a coisa demonstrada está distante do locutor e próxima da pessoa com quem ele fala. Já os pronomes demonstrativos de 3ª pessoa — **aquele(s)**, **aquela(s)**, **aquilo** — são empregados quando a coisa demonstrada está distante do locutor e da pessoa com quem ele fala.

Em relação ao tempo

Segundo a norma-padrão, as formas **este(s)**, **esta(s)** e **isto** indicam o tempo presente em relação ao momento em que se fala e as formas **esse(s)**, **essa(s)** e **isso** indicam o tempo passado ou futuro em relação ao momento em que se fala:

- **Esta semana** está passando tão rápido! (a semana presente)
- **Esta manhã** está linda! (a manhã presente)

- **Nessa noite** irei a um baile. (uma noite futura)
- **Nessa noite** não dormi nada. (uma noite passada)

Já as formas **aquele(s)**, **aquela(s)** e **aquilo** indicam um tempo distante do momento em que se fala:

- **Naquele dia**, não sei como tive forças para continuar. (um dia distante)
- É, **aquele** foi um ano muito difícil. (um ano distante)

Você sabia?

No latim, língua da qual se originou o português, existia o **gênero neutro**, utilizado para coisas, como **porta**, **casa**, **campo**, etc. No português, os únicos vestígios do gênero neutro estão nos pronomes demonstrativos: **isto**, **isso** e **aquilo**.

Em relação ao próprio texto

Como você viu, os pronomes podem funcionar como importantes elementos de coesão textual, fazendo referência ao que será dito ou ao que já foi dito. A norma-padrão também determina algumas regras de uso dos pronomes demonstrativos segundo esse critério. Em referência ao que ainda será dito, emprega-se **este(s)**, **esta(s)**, **isto**. Veja o enunciado principal ao lado.

Reprodução/Agência Lunes Comunicação

Observe que o pronome **esta**, do enunciado principal do anúncio, se refere a um tipo de profissional que não foi explicitado no anúncio, mas que é possível inferir pelo que se comemora em 4/12, ou seja, refere-se ao publicitário.

Veja outro exemplo, neste caso se referindo ao que ainda vai ser dito:

A questão é **esta**: você está preparado para viver em outro país?

Em referência ao que já foi dito, emprega-se **esse(s)**, **essa(s)**, **isso**. Veja:

As avestruzes não enfiam a cabeça na terra

Se fizessem **isso**, morreriam sufocadas. Suas pernas são suficientemente grandes para essas aves se defenderem de quem as ataca — ou para fugirem correndo. Elas, na verdade, encostam o ouvido no chão para perceber a vibração do solo e a aproximação de eventuais predadores. Nessa posição, o animal também consegue se misturar com a vegetação e afastar qualquer perigo de ataque.

(Disponível em: https://www.guiadoscuriosos.com.br/animais/10-lendas-animais-que-foram-desvendadas/. Acesso em: 16/2/2023.)

Dr Ajay Kumar Singh/Shutterstock

> Avestruz.

Observe que o pronome **isso** da primeira frase do texto se refere ao que foi dito no título sobre as avestruzes, ou seja, à possibilidade de elas enfiarem a cabeça na terra.

Em referência a dois elementos anteriormente expressos, emprega-se **este(s)**, **esta(s)**, **isto** para indicar o elemento mais próximo e **aquele(s)**, **aquela(s)** e **aquilo** para indicar o elemento mais distante. Veja:

Eu já contraí a gripe H1N1 e dengue: **esta** [a dengue], no surto de 2013; e **aquela** [a gripe H1N1], no surto de 2016.

CONTRAPONTO

Apesar de os pronomes demonstrativos estarem relacionados com as três pessoas do discurso, no português brasileiro tem sido cada vez menos comum fazer a distinção entre a 1ª e a 2ª pessoas (**este** e **esse**, por exemplo).

Em situações de maior monitoramento, como é o caso de textos impressos que passam por revisão, essa distinção ainda é encontrada, mas, segundo alguns linguistas, pesquisas recentes em *corpus* de falantes do português brasileiro de diferentes regiões indicam que, atualmente, os demonstrativos de 1ª pessoa — **este**, **esta**, **isto** — estão desaparecendo e as formas da 2ª pessoa — **esse**, **essa**, **isso** — estão sendo utilizadas para indicar tanto o que está próximo de quem fala quanto o que está próximo da pessoa com quem se fala.

De acordo com esses dados, a forma **esse** (e as demais formas de 2ª pessoa) é reforçada pelo uso combinado com os advérbios **aqui** e **aí**, que estabeleceriam, por si sós, a referência de lugar (respectivamente, próximo de quem fala e próximo da pessoa com quem se fala).

Exercícios

Leia o cartaz a seguir e responda às questões 1 a 3:

(Disponível em: https://portalstmirece.link3.com.br/2019/02/06/essa-vaga-nao-e-sua-nem-por-um-minuto. Acesso em: 14/2/2023.)

1. O cartaz faz parte de uma campanha.

a) Que campanha é essa?

____

____

b) Levante hipóteses: Quem é(são) o(s) responsável(eis) pela divulgação do cartaz?

____

____

c) Deduza: A quem ele se dirige?

____

d) Que palavra é utilizada no cartaz para fazer referência ao interlocutor? Identifique-a e classifique-a morfologicamente.

e) Que sentido tem a palavra **vaga** no contexto do cartaz? Explique a relação entre essa palavra e a imagem central.

2. No cartaz, foi utilizado um pronome demonstrativo.

a) Identifique-o e classifique-o quanto a gênero, número e pessoa.

b) A que outro termo do texto o pronome demonstrativo se refere?

c) Troque ideias com os colegas e o professor e deduza: Esse pronome demonstrativo foi utilizado de acordo com a norma-padrão? Justifique sua resposta.

3. Releia a frase central do cartaz.

a) Reescreva-a, fazendo as alterações sugeridas a seguir e as modificações necessárias, de acordo com a norma-padrão:

- Colocando a palavra **vaga** no plural.
- Substituindo a palavra **vaga** pela palavra **espaço**.
- Substituindo a palavra **vaga** pela palavra **espaços**.

b) Explique as alterações sofridas pelo pronome nas frases que você reescreveu.

____

____

c) Troque ideias com os colegas e o professor e conclua: Como são feitas a concordância e a conjugação desses pronomes?

____

____

Leia a tira a seguir:

(Alexandre Beck. *Armandinho três*. Florianópolis: A. C. Beck, 2014. p. 38.)

4. Os colegas de Armandinho dizem que têm um "amigo bagaceira". Qual é o sentido dessa expressão da gíria?

____

____

5. Observe os comentários de Armandinho no 2º e no 3º quadrinhos. A conclusão a que Armandinho chega no 3º quadrinho tem fundamento? Por quê?

____

____

6. No 1º quadrinho, Armandinho emprega um pronome possessivo e, no 3º quadrinho, ele usa uma palavra com valor equivalente.

a) Que pronome possessivo ele usou?

____

b) Qual é a palavra do 3º quadrinho com valor equivalente a esse pronome?

____

Pronomes indefinidos

Leia este texto de campanha:

(Disponível em: https://primeirainfancia.org.br/noticias/movimento-faz-campanha-de-boicote-a-ovos-de-pascoa-com-brindes-ou-publicidade-dirigida-a-infancia/. Acesso em: 17/2/2023.)

1. O texto combate a publicidade de ovos de Páscoa, dirigida às crianças, com ilustrações ou bonecos de personagens de desenhos animados. Observe a imagem principal do texto e, depois, responda:

a) Que relação essa imagem tem com o contexto?

____

____

b) Qual é o sentido da expressão "de orelha em pé"?

____

c) Qual é a relação entre essa expressão e a imagem?

____

____

2. Como estratégia para convencer o leitor, o texto faz uso de uma premissa jurídica.

a) Que premissa é essa?

____

____

____

b) O que o anúncio sugere aos leitores?

____

____

____

3. Na frase "Porque ninguém reclama.":

a) A quem se refere a palavra **ninguém**?

____

b) Essa palavra tem um sentido positivo ou negativo? Genérico ou particular?

____

Ao responder às questões acima, você notou que a palavra **ninguém** não identifica nem particulariza quem está deixando de realizar a ação de reclamar. Assim como **ninguém**, outras palavras da língua também se referem a algo ou alguém (3ª pessoa) de modo impreciso e genérico. Essas palavras são chamadas **pronomes indefinidos**.

Pronomes indefinidos são aqueles que se referem a um ser (3ª pessoa) de modo impreciso ou genérico.

Quando o pronome indefinido é empregado antes de substantivos, é pronome adjetivo. Por exemplo:

Muitos estudantes gostariam de ser advogados.

Quando o pronome indefinido substitui o substantivo, é pronome substantivo. Por exemplo:

Muitos gostariam de ser advogados.

Alguns pronomes indefinidos são variáveis, isto é, sofrem flexão de gênero e número; outros são invariáveis.
São pronomes indefinidos:

- **variáveis**: algum, nenhum, todo, outro, certo, bastante, qualquer, quanto, qual, etc.
- **invariáveis**: alguém, ninguém, tudo, nada, algo, cada, quem, que, etc.

Quando temos um grupo de palavras com valor de pronome indefinido, nós o chamamos de **locução pronominal indefinida**. Veja:

- **Todo o mundo** poderá participar da gincana!
- **Cada um** dos alunos deverá escolher uma ilustração diferente para o trabalho.
- **Quem quer que** vá ao baile, deverá usar traje a rigor.

São também locuções: **qualquer um**, **cada qual**, **seja qual for**, **seja quem for**, **todo aquele que**.

Muito: advérbio ou pronome?

A palavra **muito** tanto pode ser pronome indefinido quanto advérbio. Se estiver flexionada — isto é, **muita**, **muitos**, **muitas** —, trata-se de pronome indefinido, pois os advérbios não se flexionam. Na forma **muito**, pode ser pronome ou advérbio, e sua classificação depende do contexto e do sentido que se pretende que ela tenha.

Por exemplo, na frase "Vejo muito menino cuidando da aparência", o enunciador pode estar querendo intensificar o fato de ver ou indefinir a quantidade de meninos que vê.

Para saber se se trata de pronome ou advérbio, é possível substituir, na mesma frase, o substantivo masculino por um feminino. Se **muito** for advérbio, vai permanecer invariável, como nesta frase, "Vejo muito menina cuidando da aparência" e o sentido pretendido é "Vejo demais menino/menina cuidando da aparência". Se, em contrapartida, **muito** for pronome indefinido, a forma vai variar, concordando com o referente, e o sentido pretendido será o de indeterminar a quantidade, como em "Vejo muita menina cuidando da aparência".

Dmytro Zinkevych/Shutterstock

Quaisquer: plural por dentro?

Sim. **Qualquer** é a única palavra de nossa língua que forma o plural mediante modificações internas: a sílaba **qual** passa a **quais**, formando **quaisquer**. Veja:

Quaisquer que sejam as vítimas no trânsito, elas devem ser auxiliadas pelos demais motoristas.

Pronomes interrogativos

Leia estes títulos de livros:

Reprodução/Editora Benvirá

Reprodução/Editora Record

Reprodução/Editora Planeta

Note que as palavras **Qual**, **Quem** e (**O**) **Que** não têm um referente específico e, além disso, têm a função de introduzir perguntas. Todas essas palavras, nesses títulos, são **pronomes interrogativos**.

Pronomes interrogativos são os pronomes **(o) que**, **qual**, **quanto**, **quem**, empregados em frases interrogativas.

Veja outros exemplos de emprego de pronomes interrogativos:

- **Que** houve com você?
- **O que** você vai fazer nas férias?
- **Qual** é o seu nome?
- **Quanto** custa esta melancia?

Observação

As palavras **quando** (indicando tempo), **como** (indicando modo), **onde** (indicando lugar) e **por que** (indicando causa) pertencem à classe dos advérbios e podem introduzir frases interrogativas. Por exemplo:

Como está o tempo lá fora hoje?

Exercícios

Leia esta tira de Bill Watterson:

(*O mundo é mágico*: *as aventuras de Calvin e Haroldo*. São Paulo: Conrad, 2007. p. 64.)

1. Calvin monta um balcão de negócios com uma caixa.

a) O que ele oferece ao público?

____

b) O preço cobrado parece muito ou pouco?

____

c) O que ele realmente entrega ao cliente?

____

2. O que o tigre Haroldo, companheiro de Calvin, acha da lógica do negócio do menino?

____

____

3. O humor da tira concentra-se no último quadrinho, no qual Haroldo, ainda incomodado, faz uma pergunta a Calvin sobre a felicidade oferecida.

a) O que Haroldo esperava como resposta?

____

____

b) Por que a resposta de Calvin contraria a lógica dos negócios em geral?

____

____

4. Observe os pronomes indefinidos ou interrogativos presentes na tira.

a) Identifique-os.

b) Trata-se de pronomes substantivos ou pronomes adjetivos?

c) O que justifica o emprego de pronomes com essa classificação na tira?

SEMÂNTICA E DISCURSO

Leia esta tira:

(Alexandre Beck. *Armandinho oito*. Florianópolis: A. C. Beck, 2016. p. 70.)

1. No 1º quadrinho, Armandinho diz ao pai: "Rápido, pai! Você tem a idade certa!".

a) Qual é o sentido da palavra **certa** nessa situação?

b) A que classe gramatical essa palavra pertence?

2. No 2º quadrinho, o pai responde ao filho, corrigindo-o: "o que eu tenho é uma certa idade...".

a) Qual é o sentido da palavra **certa** nessa situação?

____

b) A que classe gramatical essa palavra pertence, nesse caso?

____

3. No 3º quadrinho, fica mais claro o que Armandinho pretendia dizer ao empregar a expressão "idade certa".

a) Atualmente, quando as pessoas dizem "melhor idade", a que idade elas se referem?

____

____

____

b) Para Armandinho, qual é o sentido dessa expressão? Que relação esse sentido tem com a ideia de rapidez expressa no 1º quadrinho?

____

____

Leia o anúncio a seguir e responda às questões 4 a 8.

Reprodução/Fotomontagem: Fernanda Crevin

4. Sobre a situação de comunicação do texto, responda:

a) Quem é o responsável pelo anúncio?

b) A quem ele se dirige?

c) Qual é o principal objetivo do anúncio?

5. Releia o texto central do anúncio:

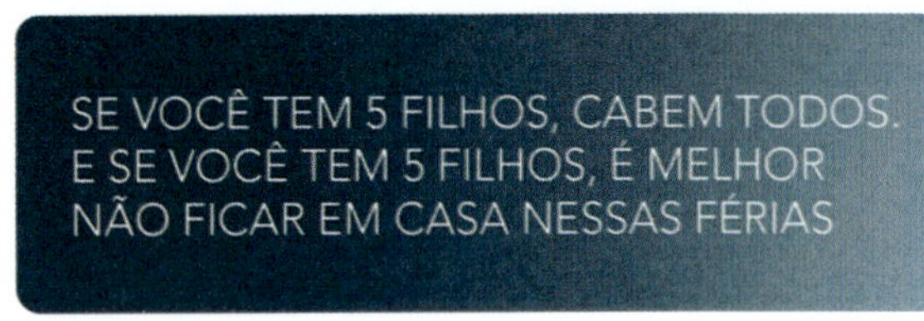

Reprodução/Fotomontagem: Fernanda Crevin

a) O anunciante utiliza um pronome pessoal de tratamento para se dirigir a seu leitor. Identifique-o e explique qual é a relação que ele estabelece entre os interlocutores.

b) Deduza: Por que o carro anunciado pode interessar a uma pessoa que tem 5 filhos?

c) Que sugestão é dada ao leitor que tem 5 filhos?

d) Levante hipóteses: Por que o anunciante dá essa sugestão ao leitor?

6. Observe a seguinte frase do anúncio:

"Se você tem 5 filhos, cabem todos."

a) Identifique o pronome indefinido que ela contém. Qual outro termo da frase esse pronome retoma e qual é o sentido dele no contexto?

b) Reescreva essa frase, substituindo a expressão "5 filhos" por "uma família grande"; em seguida, substitua por "7 pessoas na família", fazendo as devidas alterações.

c) Justifique as alterações feitas por você nas reescritas do item **b**, tendo em vista as regras de concordância da norma-padrão.

7. Agora, releia a frase "É melhor não ficar em casa nessas férias.".

a) Identifique e classifique o pronome que essa frase contém.

b) Analise a estrutura da frase e conclua: Esse pronome substitui ou acompanha um termo? Justifique sua resposta.

c) Que sentido esse pronome constrói no contexto do anúncio em estudo?

8. Troque ideias com os colegas e o professor e conclua: Qual é a função dos pronomes analisados nas questões anteriores na construção das frases do anúncio estudado?

PARA ESCREVER COM adequação

Emprego dos pronomes oblíquos o e a

Leia esta tira de Laerte:

Laerte/Acervo da cartunista

1. Observe o 1º quadrinho da tira.

a) Em que situação o rei é retratado? O que parece ocorrer com ele?

b) Levante hipóteses: Quem são as pessoas que aparecem em primeiro plano? Justifique sua resposta com base em elementos verbais e não verbais.

2. Agora, observe o 2º quadrinho.

a) Quem é o homem vestido de preto que aparece carregando uma maleta?

b) O que a vestimenta com gola e mangas bufantes do homem que fala evidencia sobre ele em comparação com as personagens do 1º quadrinho?

c) No enunciado "Conseguirão curá-lo?", do 2º balão, que termo anteriormente citado é retomado pelo pronome oblíquo **lo**?

d) O emprego do pronome oblíquo **(l)o** depois do verbo não é comum na fala brasileira. Troque ideias com os colegas e o professor e conclua: Por que essa construção foi utilizada no contexto da tira lida?

3. No 3º quadrinho, qual expectativa é criada pelas expressões faciais das pessoas em relação ao que está sendo feito com o rei?

4. Nas tiras, é comum o último quadrinho reservar uma surpresa ao leitor, isto é, uma quebra de expectativa em relação ao que acontece nos quadrinhos anteriores. Relacione as partes verbal e não verbal do último quadrinho da tira lida:

a) Qual é a surpresa revelada em relação ao rei?

b) E qual é a surpresa revelada em relação às demais personagens?

Laerte/Acervo da cartunista

Os pronomes oblíquos podem ser utilizados para retomar termos expressos anteriormente e, assim, ajudam a evitar repetições, cumprindo um papel fundamental para a construção da **coesão textual**. No caso da tira, o pronome **lo**, em "Conseguirão curá-lo?", retoma a expressão **nosso rei**, mencionada no quadrinho anterior e, desse modo, evita a repetição.

Os pronomes oblíquos **o**, **a**, **os** e **as** sofrem modificações no som e na escrita quando vêm após alguns verbos. Observe e compare as seguintes construções:

- O médico vai curar **ele**.
- O médico vai curá-**(l)o**.
- O médico vai curá-**lo**.

Você deve ter observado que, na união do pronome **o** com o verbo **curar**, a letra **r** desaparece e a letra **l** é colocada antes do pronome. Assim, temos a forma **curá-lo**, na qual **lo** é equivalente a **o**.

Isso ocorre quando o verbo termina em **r**, **s** ou **z**. Quando o verbo termina em som nasal, ou seja, em **m**, **ão**, **õe(s)** ou **õem**, acontece modificação semelhante, porém com o acréscimo da letra **n** aos pronomes. Veja:

- Vou compra*r* **um livro de aventura**. Vou comprá-**lo**.
- Emprestamo*s* **os livros** aos alunos. Emprestamo-**los** aos alunos.
- Ele fe*z* **a tarefa** ontem à noite. Ele fê-**la** ontem à noite.
- Enviara*m* **a carta** na semana passada. Enviaram-**na** na semana passada.
- Por favor, *põe* **o caldeirão** na mesa. Por favor, põe-**no** na mesa.

Em síntese:

- Verbos terminados em **r, s** ou **z**: acrescenta-se **l** antes de **o, a, os, as.**
- Verbos terminados em **m, ão, õe(s)** ou **õem**: acrescenta-se **n** antes de **o, a, os, as.**

Pronome oblíquo: entre a norma-padrão e a fala cotidiana

No português brasileiro, formas como **emprestamo-los**, **fê-la** e **põe-no** desapareceram da fala cotidiana e, mesmo no registro escrito, são encontradas em gêneros muito específicos, geralmente em textos excessivamente formais. Em seu lugar, os brasileiros têm preferido buscar construções alternativas, o que mostra um enorme distanciamento entre as regras da gramática normativa e a realidade linguística do Brasil.

Exercícios

Leia o texto a seguir para responder às questões 1 a 4.

É difícil lembrar como era a vida antes dos smartphones e da internet móvel. [...]

A pesquisadora em comunicação digital da ECA-USP Issaaf Karhawi definiu como "conexão perpétua" o que vivemos atualmente.

"Cada vez mais não conseguimos distinguir o que é momento de conexão e o que é momento de desconexão. Afinal, não há mais um momento para 'entrar' na internet e outro para sair, a conexão perpétua gera esse borrão entre online e offline", explica. [...]

Pensando nisso, o **#Hashtag** separou algumas dicas de desconexão.

[...]

ESCONDE-ESCONDE

Tente deixar o celular em uma mesa, dentro da bolsa, no guarda-roupa ou em qualquer lugar que não seja acessível a um braço de distância. O ato de pegá-lo gerará a dúvida.

A_B_C/Shutterstock

ESCONDE-ESCONDE 2

Outra maneira é esconder os ícones das redes sociais. "Os meus estão em pastas profundas na tela do celular, demoro muito para encontrá-los e percebo que estava entrando na rede por impulso", recomenda a jornalista Laura Tissot.

[...]

SESSÃO DESCARREGO

Se acabar a bateria do seu celular, não recarregue-o. É um momento ideal para se desconectar. Outra tática é desligá-lo propositalmente, mas não é tão eficaz porque a mão coça para ligá-lo novamente. Sem bateria, isso é impossível. [...]

(Disponível em: https://www1.folha.uol.com.br/blogs/hashtag/2023/02/internet-movel-e-smartphones-nos-condenam-a-conexao-perpetua-diz-pesquisadora.shtml. Acesso em: 16/2/2023.)

1. O texto aborda nossa relação com o celular e a internet.

a) Explique o que é a "conexão perpétua" definida pela pesquisadora.

____

____

____

b) Você costuma acessar a internet e as redes sociais pelo celular? Já tentou diminuir o tempo de uso? Compartilhe sua experiência com os colegas.

Rawpixel.com/Shutterstock

2. O trecho lido apresenta três dicas. Observe os títulos dessas dicas.

a) Explique a relação de cada título com o conteúdo das respectivas dicas.

b) Explique por que esses títulos constroem efeito de humor no texto.

3. Observe as ocorrências do pronome oblíquo **o**(**s**) em cada dica.

a) A quem ele se refere em cada ocorrência?

b) Reescreva a terceira dica, substituindo os pronomes pelos nomes a que se referem.

c) Compare o texto original com a reescrita do item **b** e conclua: Qual é a vantagem de empregar pronomes no lugar dos substantivos?

4. Complete as frases a seguir de acordo com o texto, empregando o verbo **viver** e os pronomes oblíquos **o**, **a**, **os** ou **as** no lugar da palavra **vida**. Faça as adaptações que forem necessárias nos verbos e nos pronomes.

a) A vida não é mais a mesma. ______________________ presos à internet e aos *smartphones*.

b) Queríamos ______________________ tal como era antes dos *smartphones* para ter mais tranquilidade.

5. Reescreva as frases a seguir, substituindo o termo destacado pelo pronome oblíquo **o**, **a**, **os** ou **as**. Faça adaptações quando necessário. Veja o exemplo:

- Menino, vai fechar **a janela**, por favor.
- Menino, vai fechá-**la**, por favor.

a) Pretendiam entregar **os jornais** antes da hora.

____

b) Eles repõem **os produtos** nas prateleiras todos os dias.

____

c) Os garotos largaram **as bicicletas** e correram.

____

d) Entregamos **a encomenda**, conforme nos pediu por telefone.

____

e) Fiz **os pacotes** e deixei-os sobre a mesa da sala.

____

f) Distribuíram **os presentes** às crianças carentes do bairro.

____

g) Pega os pratos e põe **os pratos** no armário, por favor.

____

h) Espero encontrar **minha amiga** no local e hora combinados.

____

i) Deram **o prêmio** ao menino que escreveu um poema sobre a natureza.

____

Oblíquo nos: 1ª ou 3ª pessoa?

O oblíquo **nos**, além de ser um pronome de 1ª pessoa, pode ser também de 3ª pessoa. Isso ocorre quando ele acompanha verbos terminados em sons nasais, como em **põe + os = põe-nos**. Compare:

1ª pes. plural	3ª pes. plural
Levem a nós daqui.	Levem os meninos daqui.
Levem-**nos** daqui.	Levem-**nos** daqui.

Leia este texto para responder às questões 6 a 8.

(Disponível em: https://www.unicef.org/brazil/nove-fatos-sobre-vacinacao. Acesso em: 16/2/2023.)

6. O texto faz parte de uma campanha do Unicef.

a) A quem ele se dirige? Justifique sua resposta com palavras e expressões empregadas no texto.

____

____

b) Qual é a finalidade desse texto?

____

7. Observe a parte não verbal do texto.

a) Quem aparece na imagem?

____

b) Explique a relação entre a imagem central, a instituição representada no primeiro logotipo da parte inferior da peça e o tema da campanha.

____

____

____

c) Troque ideias com os colegas e o professor e conclua: Quais efeitos de sentido são construídos no texto pelo uso dessa imagem?

____

____

8. Observe o enunciado verbal.

a) Em **levando-as**, qual é a classe gramatical de **as**? A quem ela se refere?

____

b) Reescreva essa expressão, trocando **as** pelo termo a que ela se refere.

____

c) Complete a frase a seguir com o pronome pessoal oblíquo adequado.

- Leve suas crianças para vacinar e mantenha-__________ saudáveis.

d) Na frase: "Vacinas protegem as crianças", qual é a classe gramatical da palavra **as**? Explique.

____

DE OLHO NA escrita

Emprego da letra s

Você é curioso(a) em relação à nossa língua? Leia o texto a seguir:

13 curiosidades sobre a Língua Portuguesa

Muito além das terras brasileiras

A Língua Portuguesa é a língua oficial de nove países. São eles: Angola, Brasil, Cabo Verde, Guiné-Bissau, Guiné Equatorial, Moçambique, Portugal, São Tomé e Príncipe e Timor Leste.

Beate Wolter/Shutterstock

› Entrada do Parque Nacional de Maputo e placa indicando perigo, em Moçambique.

Evolução da língua

Até chegar ao Brasil, a Língua Portuguesa seguiu uma trajetória que passou por vários lugares da Europa, tais como o Lácio, na antiga Roma, e a região de Portugal. Sua expansão foi se dando com as navegações, que também ocasionaram transformações no idioma.

Mais de uma grafia

Existem palavras na Língua Portuguesa que possuem mais de uma grafia correta. Por exemplo: berinjela (beringela) e diabetes (diabete).

Plural no meio

Na Língua Portuguesa, "quaisquer" é a única palavra em que o plural pode ser percebido no meio, e não no final, da escrita da palavra.

A origem da cedilha

A origem da palavra vem de "cedilla", do espanhol. Antes, a cedilha era um pequeno "z" que se colocava embaixo do "c" para evidenciar que a letra tinha o som de "s". Ou seja, o pequeno "z" sobrescrito, posteriormente, foi acoplado ao "c", transformando-se em "ç".

De perder o fôlego

A maior palavra em nosso idioma é Pneumoultramicroscopicossilicovulcanoconiótico, com 46 letras! Pouquíssimas pessoas conseguem, de primeira, ler essa palavra sem se equivocar. Ela está relacionada a uma doença causada pela inalação de cinzas vulcânicas, que ataca os pulmões.

Diferente dos portugueses

Em Portugal, algumas palavras apresentam significados diferentes dos nossos aqui no Brasil. Por exemplo, a palavra "propinas" (que quer dizer impostos ou taxas), no Brasil, significa suborno.

"Fruta da paixão" ou maracujá

Na Língua Portuguesa, a palavra "maracujá" é bem diferente quando comparada a outros idiomas, como o inglês (passion fruit) e o francês (fruit de la passion).

[...]

Imundo — mundo

Outra curiosidade sobre a Língua Portuguesa é que existe um adjetivo com emprego raro, que é "mundo" significando "limpo". Seu antônimo é uma palavra bastante conhecida, "imundo", que quer dizer sujo.

[...]

(*13 curiosidades sobre a Língua Portuguesa*. Disponível em: https://mundoescrito.com.br/curiosidades-sobre-a-lingua-portuguesa/. Acesso em: 16/2/2023.)

1. De todas as curiosidades apresentadas pelo texto, qual delas mais surpreendeu você?

____

2. A letra **s** foi empregada em várias palavras do texto e, em alguns casos, com sons distintos. Releia as três primeiras curiosidades e responda: Quais palavras apresentam o som de "cê" (/s/) representado:

a) pela letra **s**?

____

b) pelas letras **ss**?

____

c) pela letra **c**?

____

d) pela letra **ç**?

____

e) pela letra **x**?

____

3. A letra **s** também pode apresentar o som de "zê" (/z/). Identifique, nas três primeiras curiosidades, as palavras em que isso acontece.

____

4. O som de "zê" (/z/) também pode ser representado pelas letras **z** e **x**.

a) Identifique, nas três primeiras curiosidades, uma palavra em que isso aconteça.

____

b) Identifique, no texto, uma palavra em que o som de "zê" (/z/) seja representado pela letra **z**.

____

Ao responder às questões anteriores, você notou que, no sistema ortográfico da língua portuguesa, um único som pode ser representado por diferentes letras. É o caso do som de /s/ ("sê"), que pode ser representado pelas letras **s**, **ss**, **c**, **ç**, **x** e por **sc**, **sç**, como em **nascer** e **nasço**; e do som de /z/ ("zê"), que pode ser representado pelas letras **s**, **z** e **x**.

Conheça, a seguir, algumas regras que orientam o emprego da letra **s**.

Emprega-se a letra **s**:

- na maioria dos substantivos concretos:

burguê**s** freguê**s**

Exceções: xadre**z**, te**z**.

- nos adjetivos derivados de substantivos:

cortê**s** (de corte) montê**s** (de monte)

- nos sufixos **-ês**, **-esa**, que indicam origem, naturalidade:

portugu**ês**, portugu**esa** chin**ês**, chin**esa**

- nos sufixos **-oso**, **-osa**, que indicam qualidade em abundância, intensidade:

amor**oso** duvid**osa**

- no sufixo **-ense**, que indica origem, naturalidade:

rio-grand**ense** cear**ense**

- após ditongos:

cau**s**a mai**s**ena

> Capa do livro *Uma outra princesa*, de Telma Guimarães, publicado pela Editora do Brasil.

Exercícios

Leia o texto biográfico a seguir.

A pequena Grace O'Malley (também conhecida como Gráinne ou Granuaile) não queria nada além de velejar com o pai, um capitão irlandês, e sua frota de navios. Os O'Malley eram uma família poderosa na costa oeste da Irlanda. Dois de seus castelos, Clare Island e Kildawnet, em Achill Island, ainda existem até hoje. Grace implorou aos pais para deixarem que ela fosse para o mar, mas a mãe insistiu que não era lugar para uma garota.

Assim, de acordo com a lenda, Grace cortou o longo cabelo ruivo e se vestiu com roupas de garoto. Nos anos 1530, esse não era o jeito normal de uma garota se comportar. Mas Grace O'Malley era assim, e logo ela se tornaria a pirata mais famosa da Irlanda.

Aos 16 anos, Grace se casou com um chefe de clã irlandês e eles tiveram três filhos. Mas ela não era do tipo que ficava em casa. Depois da morte do pai, ela assumiu o comando da sua frota e, quando o marido morreu, muitos dos integrantes do clã se juntaram a ela. Comercializando até Espanha e Portugal, executando pirataria e pilhagem como atividades paralelas, Grace ganhou reputação de capitã ousada.

Suzanne Mischyshyn/Acervo da fotógrafa

> Estátua da pirata Grace O'Malley, em Westport House, Irlanda.

Os mares eram cheios de comerciantes e piratas, e a terra era governada por chefes de clãs que lutavam para proteger seus domínios dos vizinhos ingleses, que estavam tomando a Irlanda lenta e regularmente. Um a um, os chefes de clãs se renderam, mas Grace se manteve firme, determinada a ficar livre e a proteger sua família e seus seguidores.

Os ingleses não gostaram disso. Eles enviaram um exército para capturá-la, mas ela fugiu e liderou seu povo em uma rebelião contra os ingleses. Isso foi por volta de 1588, quando Grace tinha quase 60 anos. Os ingleses sequestraram seu filho mais novo e o acusaram falsamente de traição, um crime punível com a morte. Para salvar o filho, Grace colocou a própria vida em risco e foi direto até a pessoa mais poderosa da Inglaterra: a rainha Elizabeth I. Os súditos de Elizabeth ficaram chocados quando a rainha aceitou se encontrar com a pirata. Elas conversaram em latim, a única língua que tinham em comum. Grace contou à rainha sobre o sofrimento da família nas mãos dos generais na Irlanda e pediu que ela poupasse seu filho. A rainha ordenou a libertação dele da prisão e deu a Grace permissão pessoal para continuar velejando pelos mares. [...]

(Kate Schatz. *Mulheres incríveis: artistas e atletas, piratas e punks, militantes e outras revolucionárias que moldaram a história do mundo*. Bauru: Astral Cultural, 2017. p. 89.)

1. O texto trata da vida de uma mulher.

a) Quem é essa mulher e por que ela ficou conhecida?

____

____

b) Em que época ela viveu?

____

____

c) A história contada sobre sua vida é totalmente verídica ou há fatos sem confirmação? Que palavras ou expressões usadas no primeiro parágrafo confirmam sua resposta?

____

____

____

____

2. No texto, há o emprego de palavras que indicam país de origem, nacionalidade — os chamados **adjetivos pátrios**.

a) Identifique essas palavras.

____

b) Caso o texto empregasse uma palavra para indicar a nacionalidade de Grace, qual seria o adjetivo pátrio?

____

c) E se Grace e seus familiares tivessem nascido em outros países? Escreva os adjetivos pátrios, no masculino e no feminino, relacionados aos seguintes países:

- França: ____________________
- Japão: ____________________
- Noruega: ____________________
- Holanda: ____________________
- Escócia: ____________________
- China: ____________________

Prostock-studio/Shutterstock

3. Além de ser empregada em palavras que indicam nacionalidade, a letra **s** com som de /z/ é usada em sufixos que indicam qualidade em abundância, intensidade.

a) Identifique no texto uma palavra com o uso do sufixo **-osa** que significa "cheia de fama".

____

b) Indique no texto uma palavra com o sufixo **-osa** que significa pessoa "cheia de poder".

____

c) Forme outras palavras com o mesmo sufixo, deduzindo seu significado.

____

____

4. Os verbos no pretérito imperfeito do subjuntivo são grafados com dois **s**, seguidos da vogal **e**.

a) Identifique no texto duas formas verbais empregadas nesse tempo e modo verbais.

____

b) Complete as frases a seguir com o verbo no modo e no tempo adequados:

- Se eu ______________ (viajar) para a Amazônia, gostaria de conhecer diversos animais.
- Se vocês ______________ (poder) agir para preservar a Amazônia, o que vocês fariam?

5. O fonema /z/ pode ser grafado com diferentes letras. Identifique no texto:

a) palavras com o som /z/ grafadas com a letra **z**.

____

b) palavras com o som /z/ grafadas com a letra **x**.

____

c) palavras com o som /z/ grafadas com a letra **s**.

____

6. A palavra **ousada** é grafada com **s**.

a) Qual é a regra gramatical que justifica o uso da letra **s** nessa palavra?

____

b) Dê outros exemplos do emprego do **s** em casos similares.

____

7. Observe estas palavras do texto:

insistiu   assim   isso   falsamente   pessoa

a) Quais são as grafias utilizadas para representar o fonema /s/ (sê)?

____

b) Discuta com os colegas e o professor e deduza: Que regra determina o uso de **s** ou **ss** na grafia das palavras?

8. Leia a notícia a seguir:

EDUFPI lança na APL livro sobre Torquato Neto; obra faz parte do cinquentenário da morte do poeta

A Universidade Federal do Piauí (UFPI) marcou presença no lançamento do livro "Torquato Neto — Arte Inacabada", que aconteceu no dia 19 de novembro. [...]

A obra é um lançamento da Editora da Universidade Federal do Piauí (EDUFPI) e faz parte da programação do cinquentenário de morte de Torquato Neto. Além de trazer o selo EDUFPI, a obra também tem como organizadores o Vice-Reitor Viriato Campelo, George Mendes e Paulo José Cunha e traz um compilado de textos de 16 autores, que destacam a trajetória do poeta, que mesmo após a morte, ainda enriquece a literatura piauiense com diversas obras.

(Disponível em: https://ufpi.br/ultimas-noticias-ufpi/48652-edufpi-lanca-na-apl-livro-sobre-torquato-neto-obra-faz-parte-do-cinquentenario-da-morte-do-poeta. Acesso em: 21/11/2022.)

Reprodução/Editora Autêntica

O texto noticia o lançamento de um livro que reúne textos de um poeta brasileiro.

a) Quem é esse poeta?

____

b) Em que Estado ele nasceu?

____

c) Que adjetivo é utilizado para designar o Estado a que pertence a literatura desse poeta?

____

9. Dê os adjetivos pátrios de outros Estados brasileiros.

- Mato Grosso: ______________________________
- Rio de Janeiro: ______________________________
- Pará: ______________________________
- Amazonas: ______________________________
- Rio Grande do Norte: ______________________________
- Espírito Santo: ______________________________

DIVIRTA-SE

A professora do Joãozinho estava ensinando pronomes:

— Joãozinho, cite dois pronomes.

— Quem? Eu?

— Obrigada! Pode se sentar.

(Domínio público.)

Biry Sarkis/Acervo da editora

CAPÍTULO 2

O verbo: formação dos tempos e modos verbais

Construindo o conceito

Leia esta tira de Quino:

(*Mafalda 2*. São Paulo: Martins Fontes, 1998. p. 28-29.)

1. Mafalda está pensando no que vai ser quando crescer.

a) Que profissão ela deseja ter no futuro?

b) Com que finalidade ela pretende ter essa profissão?

c) O que ela considera necessário para ter essa profissão?

2. A Organização das Nações Unidas (ONU) é um organismo internacional que tem o objetivo de promover a colaboração e a paz entre as nações do mundo. Levando em conta esse dado, responda: Por que o último quadrinho é responsável pela criação do humor da tira?

Osugi/Shutterstock

› Sede da ONU em Nova York.

3. Para se referir ao que pretende ser e fazer quando adulta, Mafalda utiliza várias formas verbais em seus pensamentos.

a) Identifique essas formas verbais.

b) Em que tempo essas formas estão: no passado, no presente ou no futuro?

c) Essas formas são simples ou são locuções verbais, isto é, um verbo auxiliar acompanhado de um verbo principal?

4. Você já aprendeu que os verbos se organizam em conjugações, de acordo com a terminação que apresentam. Considere os verbos **estudar**, **crescer**, **contribuir** e suas terminações.

a) A que conjugação pertence cada um deles?

b) Que letra da terminação de cada verbo informa qual é a conjugação a que ele pertence?

c) Identifique a conjugação a que pertencem os demais verbos empregados na tira.

5. Agora, compare estas formas verbais:

(eu) estudo
(nós) estudamos
(eles) estudam

a) Há uma parte comum a essas três formas verbais. Qual é ela?

____

b) Há também nessas formas verbais uma partícula indicativa de número e pessoa. Qual é essa partícula em cada uma delas?

____
____
____
____

poltu shyamal/Shutterstock

Conceituando

A estrutura do verbo

Ao observarmos a forma verbal **estudam**, notamos que ela apresenta em sua estrutura pequenas unidades ou partes. Cada uma dessas partes informa alguma coisa. Veja:

tema		
estud	a	m
radical	vogal temática	desinência

Radical

É a parte que contém a significação básica da palavra. Em grande parte dos verbos ela se repete em todos os modos e tempos, sem sofrer modificações. Na forma verbal **estudam**, o radical é **estud-**. Veja:

estud o
estud amos
estud asse
estud arei

Vogal temática

É a parte constituída pela vogal que aparece depois do radical e indica a conjugação a que os verbos pertencem.

-a indica a 1ª conjugação: estud **a** r

-e indica a 2ª conjugação: cresc **e** r

-i indica a 3ª conjugação: contribu **i** r

A parte formada pela soma do radical e da vogal temática é chamada de **tema**. Assim, na forma verbal **estudam**, o tema é **estuda**.

Observação

O verbo **pôr** e seus derivados (**repor**, **supor**, **depor**, etc.) pertencem à 2ª conjugação, pois são provenientes da forma arcaica *poer*. Embora no português moderno a vogal temática não apareça no infinitivo, ela está presente em formas como **põe** e **põem**, por exemplo.

Desinências

São as partes que indicam a pessoa do discurso (1ª, 2ª ou 3ª), o número (singular ou plural), o tempo e o modo do verbo:

estuda	+	**re**	+	**mos**
		desinência de modo e tempo (futuro do indicativo)		desinência de número e pessoa (1ª pessoa do plural)

Formas nominais do verbo

Leia o texto a seguir.

Quantos tiranossauros rex habitaram a Terra?

Design Projects/Shutterstock

O número é impressionante: 2,5 bilhões de tiranossauros rex viveram na Terra ao longo de 2,4 milhões de anos (eles habitaram a Terra entre 68 milhões e 66 milhões de anos atrás). A estimativa foi feita por uma equipe da Universidade da Califórnia, liderada por Charles Marshall e publicada pela revista americana "Science". O biólogo brasileiro Danilo Varajão Latorre participou da pesquisa. Vale ressaltar que o número de tiranossauros que existiu ao mesmo tempo, formando uma geração, era de 20 mil bichos. Segundo a pesquisa, apenas 1 em cada 80 milhões de T-Rex teve seus ossos encontrados até hoje. O maior predador da Era dos Dinossauros media até 12,5 m de comprimento, tinha 4 m de altura e pesava cerca de 14 toneladas.

(Marcelo Duarte. Disponível em: https://www.guiadoscuriosos.com.br/animais/repteis/quantos-tiranossauros-rex-habitaram-a-terra/. Acesso em: 23/11/2022.)

No texto, aparecem, entre outras formas verbais, as destacadas nestes trechos:

- "Vale **ressaltar** que o número de tiranossauros [...]"
- "[...] **publicada** pela revista americana [...]"
- "[...] **formando** uma geração [...]"

As formas verbais destacadas são chamadas, respectivamente, de **infinitivo**, **particípio** e **gerúndio**. Elas constituem as **formas nominais** dos verbos, pois podem desempenhar funções equivalentes às exercidas pelos nomes (substantivos, adjetivos e advérbios). Veja:

Trata-se de um cativeiro **protegido**.
adjetivo
(que se protege)

As formas nominais de um verbo derivam do tema (radical + vogal temática) acrescido das seguintes desinências:

- **r** para o **infinitivo**: passa**r**, bebe**r**, senti**r**
- **do** para o **particípio**: passa**do**, bebi**do**, senti**do**
- **ndo** para o **gerúndio**: passa**ndo**, bebe**ndo**, senti**ndo**

Locuções verbais

Na tira de Quino estudada na abertura deste capítulo, você viu que foram empregadas várias formas verbais com mais de um verbo: **vou ser**, **vou contribuir**, **vou estudar**. Nessas formas, **vou** é chamado de **verbo auxiliar** e os verbos **ser**, **contribuir** e **estudar**, respectivamente, são o verbo principal. Esse tipo de expressão, formada por um verbo auxiliar e uma forma nominal (infinitivo, gerúndio ou particípio), é chamado de **locução verbal**.

A expressão que apresenta dois ou mais verbos com valor de um é chamada de **locução verbal**, sendo formada de **verbo auxiliar + forma nominal.**

Nas locuções verbais, apenas o verbo auxiliar é flexionado (em tempo, modo e pessoa). Os verbos auxiliares de uso mais frequente são: **ter**, **haver**, **ser**, **estar** e **ir**.

Exercícios

Leia este poema, de Elias José:

As dores do mundo

Sinto bem fundo
todas as dores do mundo.

Só que meu poema
não conseguiu tocar
em feridas maiores.
Abro os jornais
e leio e choro e me arrepio
com a fome
com a guerra
com a aids
com a violência
com a destruição
do verde e da vida.

Tento escrever,
mas sai um poema impotente.
Fico pensando:
as dores do mundo
pedem canções
ou exigem ação?

(*Cantigas de adolescer*. 7. ed. São Paulo: Atual, 1992. p. 43.)

Biry Sarkis/Acervo da editora

1. O eu lírico (a voz que fala no poema) reflete sobre os problemas do mundo.

a) Como ele se sente diante desses problemas?

b) Que tipo de iniciativa ele toma como forma de colaborar? Ele fica satisfeito com o resultado? Justifique sua resposta com um trecho do poema.

2. No final do poema, o eu lírico explicita sua dúvida sobre os problemas do mundo e sobre o papel da poesia.

a) Qual é a dúvida?

____

____

b) E para você? A poesia e a arte em geral podem contribuir para transformar a realidade e para buscar soluções para os problemas do mundo? Troque ideias com os colegas e o professor.

3. O poema apresenta várias formas verbais simples. Identifique nele:

a) os verbos de 1ª conjugação:

____

b) os verbos de 2ª conjugação:

____

c) os verbos de 3ª conjugação:

____

4. O poema também apresenta algumas locuções verbais.

a) Identifique-as.

____

b) Em que forma nominal está o verbo principal de cada uma dessas locuções?

____

c) Releia o poema e transforme as locuções verbais em formas verbais simples, mantendo o sentido principal dos versos.

____

____

____

Biry Sarkis/Acervo da editora

d) Conclua: Entre as formas verbais auxiliar e principal que compõem uma locução verbal, qual das duas carrega o sentido principal da locução?

____

e) Troque ideias com os colegas e o professor: Que informações a outra forma verbal contém?

f) Compare as formas simples que você indicou no item **c** às locuções verbais empregadas no poema. Que diferenças de sentido existem entre elas?

5. Observe as formas verbais presentes nestes versos:

"Abro os jornais
e leio e choro e me arrepio"

a) Todas as formas verbais empregadas estão no mesmo tempo e modo. Qual é o tempo e o modo?

b) Essas formas verbais apresentam em comum uma desinência número-pessoal. Qual é ela? O que ela indica?

c) Que efeito sonoro e de sentido a repetição da palavra **e** provoca nesses versos?

6. A maior parte das formas verbais empregadas no poema está na 1ª pessoa do singular.

a) O que justifica esse predomínio?

b) Identifique as demais formas verbais que estão em outras pessoas. Justifique o emprego delas nessas pessoas.

Leia, a seguir, o cartum e responda às questões 7 e 8:

Gerundismo

Solda/cartunistasolda.com.br

(Disponível em: http://cartunistasolda.com.br/gerundismo/. Acesso em: 23/11/2022.)

7. O cartum cria humor por meio de um fenômeno linguístico chamado por alguns gramáticos de **gerundismo**.

a) Identifique o gerundismo presente no cartum.

b) O que o cartunista pretende comunicar ao editor dele?

c) Leia o boxe "O gerundismo". Depois, discuta com os colegas e, considerando suas respostas anteriores, explique qual sentido é construído no cartum pela forma verbal "não vou estar fazendo".

8. Imagine e escreva uma situação em que a construção "(não) vou estar fazendo" seja aceitável do ponto de vista linguístico e lógico.

O gerundismo

Gerundismo é o nome que alguns gramáticos têm dado a um fenômeno relativamente recente em nossa língua: o uso de construções compostas dos verbos **ir** + **estar** + **verbo no gerúndio**. Observe as seguintes frases:

- Enquanto você estiver vendo o jogo, **vou estar dormindo**.
- Não adianta me esperar para almoçar, pois **vou estar trabalhando** o dia todo.
- **Vou estar encaminhando** sua reclamação para o Departamento Pessoal.

Observe que, nas duas primeiras frases, o uso da locução **vou estar** + **gerúndio** constrói a ideia de ações que ocorrem simultaneamente (**ver o jogo** × **dormir** e **almoçar** × **trabalhar**) e que ocorrem ao longo de um período duradouro.

Já na terceira frase, a locução verbal não apresenta nenhum desses sentidos típicos do gerúndio. Nesse caso, segundo os gramáticos mais tradicionais, seria indicado utilizar construções como **vou encaminhar** ou **encaminharei**.

No entanto, não se pode considerar a construção **vou estar encaminhando** como equivalente a **vou encaminhar** ou **encaminharei**, uma vez que essas duas construções referem-se à ação verbal de forma muito mais assertiva, ou seja, o locutor mostra-se mais comprometido em fazer o que diz, ao passo que na primeira construção ele demonstra menor comprometimento com o que diz.

Além disso, é possível considerar que as duas últimas, por fazerem referência à ação de forma mais prática e objetiva, podem também ser consideradas menos polidas, isto é, menos educadas do que a primeira. Assim, em alguns contextos, as formas consideradas gerundismo são empregadas porque o falante quer parecer mais gentil ou elegante.

Tempos do modo indicativo

Nos versos "Sinto bem fundo / todas as dores do mundo", o eu lírico emprega a forma verbal **sinto**, que expressa uma ação que, do ponto de vista dele, seguramente, está ocorrendo no momento da enunciação, isto é, no presente. Essa noção de certeza é transmitida pelo emprego do verbo no **modo indicativo**, isto é, o modo que se refere a ações que seguramente aconteceram, estão acontecendo ou vão acontecer.

O modo indicativo apresenta os seguintes tempos verbais: presente, pretérito (perfeito, imperfeito e mais-que-perfeito) e futuro (do presente e do pretérito).

Presente

Expressa uma ação que está ocorrendo no momento da fala ou uma ação que se repete ou perdura:

© Armandinho, de Alexandre Beck/Acervo do cartunista

(Disponível em: https://tirasarmandinho.tumblr.com/page/35. Acesso em: 24/2/2023.)

Na tira, todas as formas verbais estão no presente do indicativo.

O presente nas manchetes de jornal

A primeira página dos jornais destaca as notícias mais recentes. Para dar ideia de que o fato acabou de acontecer, ainda está acontecendo ou vai acontecer, as manchetes são escritas no **presente**, como ilustra a primeira página de jornal abaixo, na qual predominam verbos no **presente do indicativo**.

DOL

Buscar...

Edição do dia

27° R$5,23

PARÁ CONCURSOS NOTÍCIAS ESPORTES ENTRETENIMENTO TUÉDOIDÉ? GALERIAS DOLPLAY DOLCAST COLUNISTAS

ESPORTE / ESPORTE PARÁ

Siga evoluindo. Adquira o plano Todos os Apps. Atualize agora

O NOVO COLOSSO DO BENGOLA

Primeiro evento teste do Estádio Mangueirão é aprovado

Mangueirão enche os olhos do torcedor após dois anos fechado para reformas. Padrão Fifa, ele ganhou novos e confortáveis espaços, e, claro, continua sendo um termômetro de sentimentos

segunda-feira, 27/03/2023, 10:29 - Atualizado 27/03/2023, 10:28 - Autor: Matheus Miranda / Diário do Pará

Reprodução/www.dol.com.br

(Disponível em: https://www.omunicipio.jor.br/wordpress/. Acesso em: 24/2/2023.)

Pretérito

O pretérito, ou o passado, se subdivide em três tempos:

- **pretérito perfeito:** transmite a ideia de uma ação completamente concluída:

> "Só que meu poema
> não **conseguiu** tocar
> em feridas maiores"
>
> (Elias José)

- **pretérito imperfeito:** transmite a ideia de uma ação habitual ou contínua:

> "Por muito tempo os homens **usavam** a mesma faca para comer e brigar e cada um **levava** a sua quando **havia** algum jantar."
>
> (*Recreio*, n. 84.)

Também pode transmitir a ideia de uma ação que vinha acontecendo, mas foi interrompida por outra ação:

> Ela **tirava** o carro da garagem quando começou a chover.

É também o tempo em que geralmente são narradas as histórias com o pretérito perfeito. Veja este trecho do conto "O príncipe sapo":

> "Há muitos e muitos anos um rei **vivia** feliz com sua linda filhinha em um castelo perto de uma floresta. A princesa **gostava** de brincar por ali com sua bola de ouro em volta do poço."

O pretérito imperfeito é reconhecido pela presença das desinências **-va/-ve** ou **-ia/-ie**.

- **pretérito mais-que-perfeito:** expressa a ideia de uma ação ocorrida no passado e anterior a outra ação, também passada:

Quando a mãe **percebeu**,	a criança já **pusera** o sapato na boca.
pretérito perfeito	pretérito mais-que-perfeito
(ação ocorrida no passado)	(ação ocorrida antes da ação de **perceber**)

O pretérito mais-que-perfeito é reconhecido pela presença das desinências **-ra/-re**. Na língua coloquial do português brasileiro, emprega-se com maior frequência o pretérito mais-que-perfeito na forma composta. Observe:

> Quando a mãe percebeu, a criança já **tinha posto** o sapato na boca.
> (pretérito mais-que-perfeito composto)

Futuro

Há dois tipos de futuro:

- **futuro do presente:** expressa a ideia de uma ação que ocorrerá em um tempo futuro em relação ao tempo atual:

  - No próximo fim de semana, **iremos** à praia.
  - Você **irá** conosco?

- **futuro do pretérito:** expressa a ideia de uma ação futura que ocorreria desde que uma condição tivesse sido atendida antes:

  Se houvesse mais solidariedade, o mundo **seria** melhor.

Observe que, de acordo com a frase, para o mundo vir a ser um lugar melhor (ação futura), é necessário que as pessoas parem de pensar em si mesmas e foquem nos outros (condição não atendida).

O futuro do pretérito é reconhecido pela presença de **-ria/-rie**.

Tempos verbais, locuções e tempos compostos

No português brasileiro, há uma preferência pelos tempos compostos e pelo emprego de locuções verbais, em vez de formas simples. Isso ocorre especialmente nos dois tipos de futuro e no pretérito mais-que-perfeito. Veja:

- **Vamos visitar** uma tia no domingo. (locução verbal = visitaremos)
- Informou que **ia chegar** apenas à noite. (locução verbal = chegaria)
- Ele não notou que **tinha chovido**. (tempo composto = chovera)

Futuro do Presente × Futuro do Pretérito

Em algumas circunstâncias, o futuro do presente, como o futuro do pretérito, pode estar acompanhado de uma condição. Ainda assim, esses tempos expressam ideias diferentes.

Observe:

- Eu **mudarei** a data da prova se a direção concordar.
  futuro do presente — condição para mudar a data da prova
- Eu **mudaria** a data da prova se a direção concordasse.
  futuro do pretérito — condição para mudar a data da prova

No primeiro enunciado, a possibilidade de alterar a data da prova ainda existe e depende do apoio da direção. Já no segundo enunciado o locutor dá a entender que a direção não concordou com a mudança (condição não satisfeita); portanto, a forma verbal **mudaria** expressa uma ação que poderia ter acontecido, mas, por depender de uma condição não satisfeita, não aconteceu ou não deve acontecer.

Exercícios

Leia estes quadrinhos de Ziraldo:

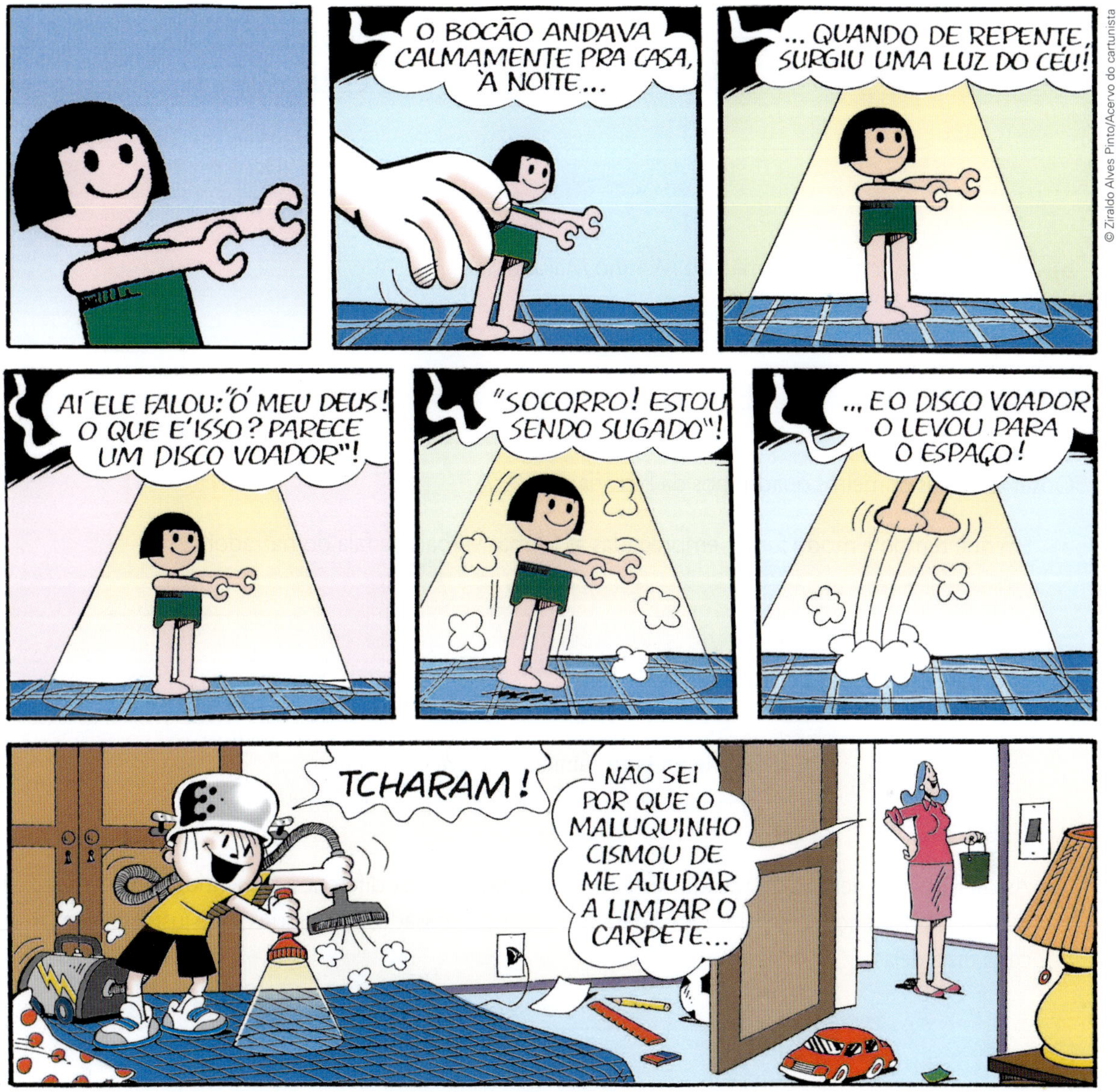

(*Curta o Menino Maluquinho em histórias rapidinhas*. São Paulo: Globo, 2007. p. 38.)

1. Nos primeiros quadrinhos, sempre há a voz de um narrador que conta uma história.

a) Quem é o narrador?

____

____

b) Que tipo de história o narrador conta?

____

____

2. O último quadrinho revela o que estava acontecendo nos quadrinhos anteriores.

a) A que correspondem, realmente, o Bocão, a luz que veio do céu e a força que sugou o Bocão?

b) Que resposta você daria à mãe do Menino Maluquinho?

3. Observe os seis primeiros quadrinhos da história.

a) Em que tempo e modo foram empregadas as formas verbais da fala do narrador?

b) Compare estas frases do texto:

- "O Bocão **andava** calmamente pra casa, à noite..."
- "... quando, de repente, **surgiu** uma luz do céu!"

As duas formas verbais destacadas estão no passado, mas há diferença de sentido entre elas. Explique qual é essa diferença de sentido, considerando o tempo passado, e explique o que justifica o emprego de cada uma delas.

4. A suposta fala de Bocão está marcada pelas aspas.

a) Em que tempo e modo foram empregadas as formas verbais dessa fala?

b) O que justifica essa escolha?

Tempos do modo subjuntivo

O modo subjuntivo apresenta os seguintes tempos verbais: presente, pretérito imperfeito e futuro.

Presente

Indica um fato incerto no presente; pode também expressar desejo. É empregado geralmente depois de expressões como **convém que**, **é necessário que**, **é possível que**, **tomara que**, **talvez**, etc.

Observe, neste pensamento filosófico do Menino Maluquinho, o emprego da palavra **aconteça**, no **presente do subjuntivo**, indicando um fato possível, hipotético:

(Ziraldo. *O pensamento vivo do Menino Maluquinho.* Rio de Janeiro: Ediouro, 2001. p. 63.)

Pretérito imperfeito

Indica um fato incerto ou improvável ou um fato que poderia ter ocorrido mediante uma condição. Leia esta tira, de Fernando Gonsales:

(*Níquel Náusea – Nem tudo que balança cai.* São Paulo: Devir, 2003. p. 19.)

Observe que o emprego da forma verbal **dissesse**, no **pretérito imperfeito do subjuntivo**, faz com que o verbo **acreditar** esteja no **futuro do pretérito do indicativo**: **acreditaria**. A esse tipo de relação chamamos **correlação temporal**.

Frequentemente, o tempo verbal **pretérito imperfeito do subjuntivo** é acompanhado da palavra **se**, que expressa a ideia de condição.

Eu ia ou eu iria?

Apesar de a norma-padrão recomendar a combinação do **imperfeito do subjuntivo** com o **futuro do pretérito do indicativo** ("se eu pudesse, eu iria"), no português brasileiro é mais comum ouvirmos "se eu pudesse, eu ia". O mesmo ocorre em "Se eu ficasse mais um minuto naquele tumulto, **passava/passaria** mal", ou em "Se ele dormisse cedo, não **ficava/ficaria** cansado".

Entretanto, em situações formais de interlocução oral ou escrita, ou em exames, recomenda-se seguir a norma-padrão.

Futuro

Expressa um acontecimento possível no futuro e aparece geralmente acompanhado das palavras **quando** ou **se**. Observe, neste texto, que as formas verbais **estiver** e **atrasar** expressam ações possíveis em um futuro hipotético.

® Mulher de 30/Cibele Santos

(Cibele Santos. Disponível em: https://br.pinterest.com/pin/409757266069227141/. Acesso em: 6/3/2023.)

Em muitas circunstâncias, o futuro do subjuntivo faz correlação temporal com o futuro do presente do indicativo. Veja:

A tinta da impressora **acabará** quando o relatório **estiver** atrasado.
- acabará: futuro do presente do indicativo
- estiver: futuro do subjuntivo

No dia em que você se **atrasar**, seu chefe **chegará** mais cedo.
- atrasar: futuro do subjuntivo
- chegará: futuro do presente do indicativo

Exercícios

Leia esta tira de Adão Iturrusgarai:

1. O marido faz uma pergunta à esposa.

a) No contexto, o que significa o silêncio dela como resposta à pergunta feita?

b) Levante hipóteses: Levando em conta o comentário do marido (Não precisa responder!), o que ele deve ter entendido?

2. A pergunta do marido é uma suposição, uma hipótese.

a) Que palavra introduz a fala dele em um plano hipotético?

b) Em que tempo e modo está o verbo auxiliar da locução verbal "pudéssemos fazer"?

c) E em que tempo e modo está a forma verbal **casaria**?

d) A correspondência entre esses dois tempos verbais está de acordo com a norma-padrão?

e) Ela soa de modo espontâneo na conversa de um casal? Levante hipóteses sobre as razões de a correlação temporal estar de acordo com a norma-padrão.

____

____

____

____

____

f) Por que esses tempos verbais também contribuem para inserir a pergunta em um plano hipotético?

____

____

____

____

3. Seguindo o exemplo da frase dita pelo marido, complete as frases com as formas verbais indicadas entre parênteses, nos mesmos tempos e modos, de acordo com a norma-padrão.

a) Se você ______________ (ir) de carro, eu ______________ (poder) ir com você.

b) Se você ______________ (obter) um bom resultado na entrevista, com certeza ______________ (arrumar) um emprego rapidamente.

c) Se nós ______________ (poder) participar das decisões, as coisas ______________ (ser) diferentes.

4. Empregue os verbos entre parênteses no subjuntivo, atentando para a correlação temporal. Veja o exemplo:

- Você quer que eu (ligar) a televisão? **ligue**
- Você queria que eu (ligar) a televisão? **ligasse**

a) É preciso que nós (pensar) no futuro de nossas crianças. ______________

Seria preciso que todos (pensar) no futuro de nossas crianças. ______________

b) Caso papai (precisar), nós podemos ir ao banco. ______________

Caso papai (precisar), nós poderíamos ir ao banco. ______________

c) Darei a bicicleta a você quando (ser) seu aniversário. ______________

Daria a bicicleta a você se (ser) seu aniversário. ______________

SEMÂNTICA E DISCURSO

Leia este poema, de José Paulo Paes:

Paraíso

Se esta rua fosse minha,
eu mandava ladrilhar,
não para automóveis matar gente,
mas para criança brincar.

Se esta mata fosse minha,
eu não deixava derrubar.
Se cortarem todas as árvores,
onde é que os pássaros vão morar?

Se este rio fosse meu,
eu não deixava poluir.
Joguem esgotos noutra parte,
que os peixes moram aqui.

Se este mundo fosse meu,
eu fazia tantas mudanças
que ele seria um paraíso
de bichos, plantas e crianças.

(*In*: Vera Aguiar (coord.). *Poesia fora da estante*. Porto Alegre: Projeto, 1995. p. 113.)

Biry Sarkis/Acervo da editora

1. Ao ler os primeiros versos do poema, você deve ter se lembrado de outro texto, uma cantiga de roda, que tem os versos iniciais parecidos, mantendo com ele uma relação de **intertextualidade**.

a) Cite os versos da cantiga com os quais o poema mantém uma relação intertextual.

b) Compare a primeira estrofe dos dois textos. Qual estrofe mantém uma preocupação mais social? E qual delas é mais sentimental?

2. As cantigas de roda são produções poéticas populares, de autores anônimos e de tradição oral, por isso em geral empregam a língua de um modo que se aproxima dos usos espontâneos e informais, com construções diferentes das indicadas na norma-padrão formal. Observe os dois primeiros versos de cada estrofe do poema de José Paulo Paes.

a) Em que tempo e modo estão as formas verbais nesses versos?

b) A correlação entre os tempos e modos verbais empregados coincide com a correlação clássica da norma-padrão formal? Por quê?

3. Observe as formas verbais destacadas nestes versos:

"Se **cortarem** todas as árvores
onde é que os pássaros **vão morar**?"

a) Em que tempo e modo estão as formas verbais?

b) A locução verbal "vão morar" é uma forma mais usada no português brasileiro do que sua forma correspondente simples, considerada mais formal. Qual é ela?

4. Por suas respostas às questões 2 e 3, nota-se que o poema, partindo de uma cantiga de roda, procura manter o uso de uma variedade linguística mais coloquial e próxima do português brasileiro. Declame as duas primeiras estrofes do poema, substituindo as formas **mandava** e "vão morar": no primeiro caso, de acordo com as regras da norma-padrão; no segundo, utilizando a forma verbal simples correspondente.

a) A sonoridade e a espontaneidade do poema se manteriam as mesmas?

b) As escolhas do poeta quanto ao uso da língua são coerentes com a finalidade do poema? Justifique sua resposta.

5. Nos contos maravilhosos, sempre que lemos a expressão "Era uma vez...", mergulhamos em um mundo de fantasias, onde tudo pode acontecer: príncipes viram sapos, princesas dormem por cem anos, etc. Na língua, o modo subjuntivo também nos permite adentrar um mundo imaginário, o das hipóteses e das possibilidades.

a) Qual é a palavra do poema "Paraíso" que nos faz adentrar o mundo imaginário?

____

b) O poeta dá ao texto o título de "Paraíso". Levante hipóteses: Como seria o paraíso imaginado por ele?

____

____

____

c) Ao conhecermos o mundo imaginário do poeta, podemos fazer uma suposição a respeito do seu mundo real. Em sua opinião, como ele é?

____

____

____

PARA ESCREVER COM precisão

Afixos e desinências

1. Releia este trecho do poema "Paraíso", de José Paulo Paes, apresentado na seção **Semântica e discurso**, e depois responda:

"Se esta rua fosse minha,
eu mandava **ladrilhar**,"

Biry Sarkis/Acervo da editora

a) O verbo **ladrilhar** origina-se de um substantivo. Deduza: Que substantivo é esse?

____

b) Que partícula foi acrescentada ao substantivo para formar o verbo?

____

2. Também é possível formar palavras acrescentando partículas no início. Observe:

poluir – despoluir

Forme verbos, acrescentando partícula(s) aos substantivos:

a) mata: ______

b) árvore: ______

c) planta: ______

Biry Sarkis/Acervo da editora

3. O substantivo **mudança**, também empregado no poema, se originou de um verbo.

a) Deduza: Que verbo é esse?

______

b) Que partícula foi acrescentada ao verbo para formar o substantivo?

______

Ao resolver as questões, você deve ter notado que é possível formar novas palavras a partir de partículas chamadas **afixos**.

Leia o texto a seguir e conheça mais sobre o assunto.

Afixos

Afixos são morfemas que se agregam ao **radical** das palavras para alterar seu significado, formando outras palavras.

Quando colocados antes do radical, chamam-se **prefixos**; quando colocados depois do radical, chamam-se **sufixos**. Veja:

ladrilh	ar
radical	sufixo

des	mat	ar
prefixo	radical	sufixo

Desinências

Nas conjugações verbais, você já aprendeu que se agregam ao radical diferentes terminações chamadas de **desinências**.

Desinências são as terminações que se agregam ao tema para indicar as flexões de gênero e número e, nas conjugações verbais, de modo, tempo e pessoa. Observe:

mat	a	s	
radical	vogal temática	desinência de número	
deix	a	va	m
radical	vogal temática	desinência modo-temporal	desinência número-pessoal

Exercícios

Leia o texto e responda às questões.

https://super.abril.com.br/ciencia/nova-especie-de-macaco-e-descoberta-na-amazonia-e-ja-esta-ameacada/

Ciência

Nova espécie de macaco é descoberta na Amazônia — e já está ameaçada

O chamado "sagui-dos-mandurukus" é endêmico de uma região que sofre com a extração ilegal de madeira e a expansão agrícola.

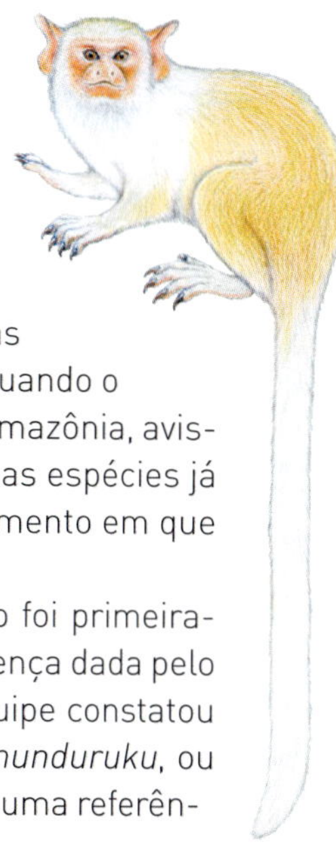

Saguis são macaquinhos receptivos com o homem. Os originais da Mata Atlântica, por exemplo, adaptam-se em várias reservas de mata urbana e uma vez ou outra fazem a alegria de seres humanos curiosos por um bocadinho de natureza.

Mas os amazônicos são diferentes: mais tímidos e menos visíveis. Os últimos registros de saguis provindos de lá foram colhidos por naturalistas e colecionadores profissionais nos séculos 18 e 19. A surpresa foi grande quando o pesquisador Rodrigo Costa Araújo, do Instituto Nacional de Pesquisas da Amazônia, avistou, das lentes de seus binóculos, três saguis com caudas brancas. Todas as espécies já catalogadas da Amazônia até então tinham a cauda preta. Aquele foi o momento em que Araújo percebeu que poderia ter uma nova espécie em mãos.

E realmente tinha: após 10 expedições em áreas próximas à que o trio foi primeiramente avistado, e a coleta de cinco espécimes para análise de DNA (com licença dada pelo Instituto Chico Mendes de Conservação da Biodiversidade — ICMBio), a equipe constatou que aquela era uma espécie totalmente nova de sagui, batizada de *Mico munduruku*, ou sagui-dos-Munduruku, como ficou mais conhecido. O nome "Munduruku" é uma referência aos índios Mundurucus. [...]

Além de ter uma cauda branca, os indivíduos dessa nova linhagem exibem um dorso bege-amarelado, mãos brancas, pés brancos e antebraços brancos com uma mancha bege-amarelada no cotovelo — uma combinação de cores nunca antes avistada em saguis da região.

Apesar da comemoração pela nova descoberta, a localização em que os novos saguis são encontrados preocupa os pesquisadores: a área enfrenta degradação ambiental por conta de extração ilegal de madeira e expansão agrícola. Os planos para construir quatro novas usinas hidrelétricas representam outra ameaça para o único sagui recentemente descoberto naquela floresta.

[...]

(Disponível em: https://super.abril.com.br/ciencia/nova-especie-de-macaco-e-descoberta-na-amazonia-e-ja-esta-ameacada/. Acesso em: 24/2/2023.)

1. O texto trata de uma descoberta científica.

a) Qual é a descoberta?

____

____

b) O que fez com que o pesquisador investigasse o macaco avistado?

____

2. O texto apresenta um tom de entusiasmo com a descoberta.

a) Há uma quebra desse tom positivo ao apresentar uma ressalva sobre a descoberta. Que ressalva é essa?

b) Que palavra introduz a ressalva?

3. Observe os termos **colecionadores** e **pesquisador** empregados no texto.

a) De quais verbos eles se originam?

b) Qual é o radical de cada uma das palavras?

c) Que sufixo é empregado em cada uma das palavras?

d) Com o mesmo sufixo, crie palavras a partir de: **trabalhar**, **apresentar**, **atuar**, **cantar**.

e) Conclua: Que sentido o sufixo apresenta nessas palavras?

4. Releia o seguinte trecho do texto.

> "a área enfrenta **degradação** ambiental por conta de **extração** ilegal de madeira e **expansão** agrícola."

a) Qual é o radical de cada uma das palavras destacadas?

b) Que sufixo foi empregado nessas palavras?

c) Os termos são substantivos. Podemos classificá-los como substantivos concretos ou abstratos?

d) Conclua: Os sufixos **-ção** ou **-são** comumente têm o sentido de:

- [ ] profissão
- [ ] ação ou resultado de uma ação
- [ ] qualidade ou estado

5. Analise a palavra **biodiversidade**, empregada no texto. Nela, há dois radicais e um afixo.

a) Quais são os radicais?

b) Qual é seu afixo?

c) Forme outras palavras a partir dos mesmos radicais.

d) Forme outras palavras com o afixo encontrado.

6. Observe a palavra **ilegal**.

a) Qual é o prefixo empregado?

b) Forme outras palavras com o mesmo prefixo.

Mario Tama/Getty Images

> Membros do povo indígena Munduruku, 2014.

c) Conclua: Que sentido esse prefixo constrói para as palavras em que é empregado?

7. O texto também utiliza as palavras **originais** e **profissionais**, que, no singular, são **original** e **profissional**. A partir disso, selecione a opção que melhor define o sentido do sufixo **-al** nessas palavras:

- [ ] plantações: arrozal, cafezal
- [ ] relação, relativo a origem, profissão
- [ ] objetos: dedal, punhal

8. Analise a palavra **visível**, cujo plural, **visíveis**, foi empregado no texto.

a) Qual é o verbo da mesma família dessa palavra?

b) A que classe de palavras **visível** pertence?

c) Forme outras palavras com o mesmo sufixo a partir dos verbos **ler** e **crer**.

d) Conclua: Que sentido apresenta o sufixo empregado?

e) Que prefixo poderia ser utilizado antes de **visível** e das palavras formadas por você no item **c** para formar antônimos? Escreva as palavras formadas.

9. No texto, o autor utiliza a palavra **curiosos**. Observe outras palavras formadas com o sufixo **-oso**: **arenoso**, **cheiroso**, **gostoso**, **carinhoso**.

a) Qual é a classe gramatical dessas palavras?

b) Qual é o sentido do sufixo **-oso**?

____

10. No texto, o autor emprega a palavra **linhagem**.

a) Procure no dicionário seu significado e registre o sentido mais próximo ao empregado no texto.

____

____

b) Qual é o radical dessa palavra?

____

c) Forme outras palavras com o mesmo sufixo.

____

____

DIVIRTA-SE

Reprodução/www.iloveimg.com

CAPÍTULO

3 O advérbio

Construindo o conceito

Leia estes quadrinhos do cartunista argentino Nik, criador do personagem Gaturro:

Gaturro, Nik © 2018 Nik/Dist. by Andrews McMeel Syndication

(*Gaturro 10*. Buenos Aires: Ediciones de la Flor, 2011. p. 36.)

1. Os seis primeiros quadrinhos mostram Gaturro e seu tutor correndo. Levante hipóteses:

a) O que está acontecendo?

____

b) Quais devem ser as causas dessas cenas? Justifique sua resposta com elementos dos quadrinhos.

____

____

____

2. Observe o momento e o lugar em que ocorrem as ações.

a) Elas ocorrem durante o dia ou à noite? Justifique sua resposta.

b) Onde os personagens estão no primeiro e no segundo quadrinhos: dentro ou fora de casa?

c) Para onde os personagens estão indo no terceiro e no quarto quadrinhos?

d) Para onde vai Gaturro no quinto quadrinho?

e) Quanto tempo você imagina que tenham durado essas ações?

3. Observe a tutora de Gaturro.

a) Como é a expressão facial dela?

b) Deduza: Qual é o motivo dessa expressão?

4. Nos quadrinhos, são empregadas três onomatopeias: TAMP, TUMP e PLAC.

a) O que elas representam?

b) O que elas indicam sobre a velocidade e o modo como Gaturro trocou de ambientes?

c) Que onomatopeia poderia ter sido empregada no último quadrinho?

5. Agora, vamos descrever as cenas retratadas por Nik. Complete com palavras ou expressões o texto a seguir, de acordo com os elementos dos quadrinhos e com as indicações de sentido que estão entre parênteses.

(Parte do dia) ________________________, Gaturro era perseguido (lugar) ________________ por seu tutor, que se mostrava (intensidade) __________ bravo, provavelmente (causa) ________________________________.

Gaturro passava de um cômodo para outro (modo) ____________, batendo portas e saindo e entrando em casa. (tempo) ________________, ao passar pela portinhola de animais, seu tutor tentou fazer o mesmo e ficou entalado (lugar) ________________, para o espanto da esposa.

Conceituando

Advérbio

Ao responder às questões anteriores, você empregou palavras e expressões que indicam **circunstâncias** relativas a algumas das ações retratadas nos quadrinhos. Observe:

- noção de **tempo**:

  À tarde, Gaturro foi perseguido por seu tutor.

- noção de **lugar**:

  Gaturro corria **dentro de casa**.
  O dono ficou entalado **na portinhola do gato**.

- noção de **modo**:

  Gaturro corria **velozmente**.

- noção de **causa**:

  Por medo da punição, o gato fugia de seu tutor.

- noção de **intensidade**:

  O tutor de Gaturro estava **muito** bravo.

As palavras que se referem principalmente ao verbo, dando a ideia de lugar, tempo, modo, causa, intensidade, instrumento, negação, afirmação, etc., são chamadas **advérbios**.

Advérbio é a palavra que funciona como modificador do verbo, podendo, em alguns casos, também se relacionar com outras classes de palavras, principalmente com o adjetivo e o próprio advérbio.

Embora o papel principal do advérbio seja o de indicar diferentes circunstâncias em que se dá a ação verbal, ele pode também acompanhar substantivos, adjetivos e até mesmo outros advérbios. Nesses casos, ele transmite sempre a noção de **intensidade**. Veja:

O tutor estava **muito** (advérbio de intensidade) **bravo** (adjetivo) com o gato.

Ele se diz **muito** (advérbio de intensidade) **gato** (substantivo) para enfrentar seu tutor.

O gato correu **tão** (advérbio de intensidade) **depressa** (advérbio) que não foi alcançado.

Duas ou mais palavras que têm, juntas, valor de advérbio (por exemplo, **à tarde**, **dentro de casa, por medo**) são chamadas **locuções adverbiais**.

Os advérbios e as locuções adverbiais se classificam de acordo com o seu valor semântico, isto é, com o sentido que apresentam ou a circunstância que indicam.

Eis alguns valores semânticos dos advérbios e das locuções adverbiais:

- **tempo:** cedo, tarde, amanhã, sempre, nunca, jamais, no mês passado, numa tarde, às vezes, de vez em quando, à noite, etc.
- **lugar:** cá, aqui, ali, lá, acolá, na esquina, em casa, no estádio, no meio da rua, etc.
- **modo:** depressa, devagar, rápido, com cuidado, mal, melhor, pior, bem, e quase todos os advérbios terminados em **-mente**: regularmente, gradativamente, vagarosamente, etc.
- **intensidade:** muito, pouco, bem, tão, tanto, bastante, quase, mais, etc.
- **afirmação:** sim, realmente, certamente, etc.
- **negação:** não, nem.
- **dúvida:** talvez, possivelmente, provavelmente, acaso, quem sabe, etc.
- **meio ou instrumento:** jogar **com o taco**, escrever **à mão**, bater **com uma flor**, cortar **à faca**, ir **a pé**, viajar **de avião**.

Peshkova/Shutterstock

Exercícios

Leia o texto a seguir e responda às questões propostas.

Núcleo Técnico de Comunicação da COVISA/SMS-SP

(Disponível em: https://saapblog.wordpress.com/2017/08/29/campanha-municipal-de-vacinacao-de-animais-chega-a-alto-dos-pinheiros-nao-deixe-de-levar-seu-pet/. Acesso em: 13/2/2023.)

1. A respeito da situação de produção do texto, responda:

a) A que gênero ele pertence?

____

b) Qual é a finalidade desse texto?

____

____

2. O texto se vale de algumas estratégias para atrair a atenção dos leitores e persuadi-los de forma eficaz.

a) Que recursos não verbais foram utilizados para atrair a atenção dos leitores?

b) A expressão "morrer de raiva" foi empregada de forma ambígua, o que também contribui para chamar a atenção do leitor. Que sentidos ela apresenta no contexto?

c) Levando em conta os sentidos dessa expressão, como ela se classifica morfologicamente?

3. Há, no texto, o emprego de alguns advérbios e locuções adverbiais.

a) Identifique-os e classifique-os, levando em conta o sentido que apresentam.

Núcleo Técnico de Comunicação da COVISA/SMS-SP

b) Considerando a finalidade do anúncio, explique a importância do emprego de advérbios na construção desse texto.

c) Que outra informação essencial não é explicitada no texto e poderia ser expressa por meio de um advérbio? Que tipo de advérbio seria?

d) Como o interessado poderia agir diante da falta dessa informação?

Leia o texto a seguir, extraído da crônica "O amor acaba", de Antonio Prata.

O amor acaba. Numa Quarta-Feira de Cinzas, num sábado de Carnaval. O amor se perde, entre o rebolado de duas passistas, debaixo da saia da baiana. O amor encolhe, anoréxico, suicida-se de melancolia; acaba num átimo, de infarto — "tão jovem!" —, dirão, ou aos poucos, pingando, em lenta e imperceptível hemorragia, pálido amor; morre de velhice, de obesidade, de preguiça; o amor desaparece, no fundo de uma gaveta, entre cartas de amor e contas de luz de 1987 [...]

(*Adulterado*. São Paulo: Moderna, 2009. p. 125.)

Filipe Rocha/Acervo da editora

4. Qual é o tema da crônica?

5. A estrutura das frases do texto é relativamente simples, construída com a expressão "o amor" + verbos + advérbios ou locuções adverbiais. Observe os grupos de advérbios e locuções adverbiais a seguir e, com base em seu valor semântico, indique de que tipo são.

a) "Numa Quarta-Feira de Cinzas", "num sábado de Carnaval", "num átimo".

b) "entre o rebolado de duas passistas", "debaixo da saia da baiana", "no fundo de uma gaveta", "entre cartas de amor e contas de luz de 1987".

c) "de melancolia", "de infarto", "de velhice", "de obesidade", "de preguiça".

d) "aos poucos", "em lenta e imperceptível hemorragia".

6. Observando suas respostas à questão anterior, é possível perceber a estratégia por meio da qual o autor procura tratar um tema relativamente difícil e impalpável. Explique qual é essa estratégia.

____

____

____

____

____

7. Em algumas situações, empregamos um adjetivo com a função de advérbio de modo. Veja:

- Como é **rápido** esse garçom!
- Não coma tão **rápido**!

No primeiro enunciado, a palavra **rápido** atribui uma característica ao substantivo **garçom**; por isso, ela é um adjetivo. No segundo enunciado, a palavra **rápido** acompanha o verbo e equivale a **rapidamente**; por isso, ela é um advérbio de modo, e não um adjetivo. Para distinguir o adjetivo do advérbio, convém lembrar que o advérbio não tem flexão de número nem de gênero, e o adjetivo tem. Além disso, o advérbio acompanha principalmente o verbo, enquanto o adjetivo acompanha o substantivo.

Nos pares de frases a seguir, indique **1** quando a palavra destacada for adjetivo e **2** quando for advérbio.

a) ☐ Nossa viagem deu **certo**.

☐ Ela estava **certa** em defender os filhos.

b) ☐ Pegue um copo **redondo** para tomar essa bebida.

☐ Fala-se por aí que certa bebida "desce **redondo**".

c) ☐ Fale **pausado** e sem medo.

☐ Ele tem uma fala **pausada** e elegante.

Vulgo e vulgarmente

A palavra **vulgo** frequentemente é empregada em indicações de alcunhas ou apelidos. Por exemplo:

Vinícius de Morais, vulgo "o poetinha", dedicou-se à poesia e à música popular.

Nesse caso, a palavra **vulgo** é uma redução do advérbio **vulgarmente**: "Vinícius de Morais, vulgarmente conhecido como 'o poetinha'...".

O advérbio
NA CONSTRUÇÃO DO TEXTO

Leia o texto a seguir:

(Disponível em: https://conserbras.com.br/conserbras-inicia-campanha-informativa-e-de-conscientizacao-abordando-a-coleta-de-lixo/. Acesso em: 15/2/2023.)

1. Sobre o texto, responda:

a) A que gênero ele pertence? Indique com um X.

☐ texto de campanha

☐ texto didático

☐ artigo de opinião

b) Quem é o responsável por ele; ou seja, quem tomou a iniciativa de publicá-lo?

____

____

c) A quem ele se destina?

d) Qual é a finalidade dele?

e) Levante hipóteses: Onde ele pode ter circulado?

2. O texto é organizado em sete partes, e cada uma delas contém uma imagem e um pequeno texto verbal.

a) Os textos verbais são longos ou curtos?

b) Qual é o papel das imagens?

c) Qual é a relação entre os objetivos do texto e a união da imagem com o texto verbal?

3. Observe as formas verbais que integram o texto.

a) Em que modo verbal elas estão predominantemente? Cite alguns exemplos.

b) Qual é a relação entre esse modo verbal e os objetivos do texto?

4. Há, no texto, vários advérbios.

a) Faça um levantamento dos advérbios e das locuções adverbiais empregados e indique o valor semântico de cada um deles.

b) Que tipos de advérbio ou locução adverbial predominam no texto?

5. Considerando a finalidade dessa peça e a grande presença de verbos e advérbios no texto, responda: Qual é a importância dessas classes de palavras na construção do texto?

SEMÂNTICA E DISCURSO

Leia esta tira de Alexandre Beck e responda às questões 1 a 3.

(*Armandinho seis*. Florianópolis: Belas Letras, 2015. p. 81.)

1. Levante hipóteses:

a) Onde estão os personagens da tira?

____

b) Quem são os personagens? Justifique sua resposta.

____

____

____

____

2. Observe a recomendação que Armandinho recebeu:

"— **Pode sentar na mesa do canto, filho...**"

a) O que o garoto achou dessa recomendação? Justifique sua resposta com elementos do texto.

____

____

b) Levando em conta o último quadrinho, responda: Como o menino deve ter compreendido essa recomendação?

____

____

3. O humor da tira é construído com base em um mal-entendido entre os personagens, relacionado com o emprego de advérbios ou locuções adverbiais.

a) Identifique e classifique os advérbios e locuções adverbiais da tira.

____

____

b) Para evitar o mal-entendido, o que o pai de Armandinho poderia ter dito?

____

____

____

____

____

4. Leia esta frase:

O agricultor cravava a enxada no solo duro repetidamente, firmemente e insistentemente.

Observe que a repetição de palavras terminadas em **-mente** torna a frase desagradável aos ouvidos. Esse problema pode ser resolvido da seguinte forma: elimina-se a parte **-mente** dos advérbios iniciais e deixa-se o último advérbio na forma integral. Veja como fica:

O agricultor cravava a enxada no solo duro repetida, firme e insistentemente.

Faça o mesmo nas frases a seguir:

a) Aquela criança chorava compulsivamente e desesperadamente.

____

b) Eu estudei arduamente, intensamente e disciplinadamente.

____

c) O garoto caiu violentamente e subitamente da bicicleta.

____

d) A chuva caiu rapidamente, intensamente e abundantemente.

____

5. Muitos advérbios terminados em **-mente** desempenham a função de advérbios de modo. No entanto, grande parte deles cumpre outros valores semânticos. Observe estas frases:

I. **Infelizmente**, não poderemos participar da reunião.
II. **Seguramente**, voltaremos das férias no dia 19.
III. **Contrariamente** ao que foi determinado, votaremos pela aprovação da proposta.
IV. **Paralelamente** ao seu pedido, também entraremos com uma carta de solicitação.
V. Aos filhos maior e menor caberá uma parte de 60% da herança e 40% da herança, **respectivamente**.
VI. **Primeiramente**, gostaria de agradecer o convite.

Associe as frases acima aos sentidos que os advérbios destacados atribuem a cada uma delas.

☐ Ideia de analogia ou simultaneidade.

☐ Estabelece uma relação de oposição.

☐ Apresenta uma avaliação sobre o que está sendo dito.

☐ Introduz uma ordem ou sequência ao que está sendo dito.

☐ Atribui um valor de verdade ao que está sendo dito.

☐ Introduz uma noção de distribuição.

Leia o texto a seguir e responda às questões 6 e 7.

Reprodução/United Airlines

6. A respeito da situação de produção do texto, responda:

a) A que gênero ele pertence?

____

____

b) Quem é o responsável pela produção e pela veiculação dele?

____

____

c) Qual é a finalidade principal desse texto?

____

____

d) A quem se dirige?

____

____

7. Para alcançar seu objetivo, o texto se vale de locuções adverbiais como estratégia de persuasão (convencimento).

a) Identifique as locuções adverbiais presentes no texto.

b) Qual é o valor semântico dessas locuções?

c) Explique o sentido da expressão "E não pela poltrona da frente" no contexto.

d) De que forma essas locuções são empregadas no texto para convencer o leitor a fazer uso dos serviços anunciados?

PARA ESCREVER COM adequação

A modalização

Leia este texto da neurocientista Suzana Herculano-Houzel:

ChatGPT deveria dar humildade e motivação, não preguiça

Afinal, ainda tem muito que só você é capaz de fazer se quiser

CHUAN CHUAN/Shutterstock

Claro que meus colegas estão em polvorosa com as habilidades do ChatGPT.

Para quem esteve dormindo em matéria de tecnologia nas últimas semanas, esse é o nome do algoritmo que gera textos a pedido do freguês. O ChatGPT foi criado pela OpenAI, a mesma empresa que trouxe até você o Dalle-2, que gera imagens sob demanda.

O motivo do alvoroço é que o ChatGPT escreve textos passavelmente convincentes à primeira vista, que serviriam como dever de casa ou até respostas de questões discursivas de prova, e boa parte da discussão tem se focado em como detectar esses casos indiscutíveis de trapaça.

Eu acho que essa pergunta é errada. Não é de ontem que a gente apela para algoritmos que resolvem problemas muito mais rapidamente do que a gente — minha definição operacional, aliás, de tecnologia.

Calculadoras fazem isso, poupando a gente do tempo que usar papel e lápis para montar multiplicações e divisões com resto exige [...]. Livros também armazenam um mundo de informação, disponível para consulta sob demanda.

O ChatGPT é perfeitamente capaz de juntar palavras seguindo a gramática e informações seguindo associações encontradas no banco de dados. Palmas para ele: a gente leva ao menos uns dez anos aprendendo a fazer isso, e os engenheiros da OpenAI entenderam o suficiente do processo para repeti-lo sob encomenda.

O que o ChatGPT não faz é gerar CONHECIMENTO — digo isso assim mesmo, em letras garrafais. Informação existe em associações de ideias e eventos: interruptor pra cima, luz acesa; interruptor pra baixo, luz apagada. Isso é o que o algoritmo é programado para fazer, e, seguindo as regras do jogo, produz frases gramática e sintaticamente corretas que firmam essas associações.

Agora, conhecimento... este dá trabalho e só se constrói às custas de USAR informações — assim, de novo, em letras maiúsculas. [...]

Quem delega seu dever de casa ao ChatGPT abre mão dessa oportunidade de gerar conhecimento em seu próprio cérebro. Esse cérebro cede à preguiça, uma pena.

Mas não há que ser assim. Professores, os piores inimigos da preguiça mental, podem incorporar a preguiça ao processo: basta por exemplo pedir aos alunos para fazer, sim, seu dever de casa apelando para o ChatGPT — mas então EDITAR (de novo, maiúsculas) o resultado, usando seu conhecimento e seus valores (outra coisa que o algoritmo não tem, mas aí já é outra coluna). Aluno, mostre que você é mais do que um simples algoritmo.

A única razão de banirem livros até hoje foi por nos fazerem pensar, não por nos impedirem. Se um dia o ChatGPT de fato incomodar, vai ser porque insuflou mentes a pensar coisas novas, não a se acomodar.

(*Folha de S.Paulo*. Disponível em: https://www1.folha.uol.com.br/colunas/suzanaherculanohouzel/2023/01/chatgpt-deveria-dar-humildade-e-motivacao-nao-preguica.shtml. Acesso em: 16/2/2023.)

1. O texto comenta a repercussão do lançamento de um algoritmo de inteligência artificial, o ChatGPT.

a) O que faz o ChatGPT?

____

b) Por que ele provocou alvoroço?

____

____

____

c) A quem ele preocupa principalmente?

____

2. Na opinião da cientista:

a) É preciso temer o ChatGPT? Por quê?

____

____

____

____

b) O que o programa faz exatamente em relação à produção de texto?

____

____

____

____

3. Releia a frase inicial do texto:

"Claro que meus colegas estão em polvorosa com as habilidades do ChatGPT."

Indique o sentido que a palavra **claro** atribui ao que vai ser falado em seguida:

- [ ] dúvida
- [ ] certeza
- [ ] possibilidade
- [ ] negação

4. Releia o terceiro parágrafo do texto:

> "O motivo do alvoroço é que o ChatGPT escreve textos passavelmente convincentes à primeira vista, que serviriam como dever de casa ou até respostas de questões discursivas de prova, e boa parte da discussão tem se focado em como detectar esses casos indiscutíveis de trapaça."

FAMILY STOCK/Shutterstock

Nesse trecho, a autora revela sua avaliação ou seu julgamento a respeito de algumas questões que envolvem o algoritmo.

a) Qual palavra ou expressão do texto demonstra que ela vê com reservas a capacidade do ChatGPT?

b) Qual palavra ou expressão do texto demonstra que ela reconhece que o algoritmo pode ser utilizado de forma fraudulenta?

5. Os tempos verbais empregados em um texto também podem expressar a avaliação do autor a respeito de um assunto. Note que, no terceiro parágrafo do texto lido, inicialmente a autora emprega duas formas verbais no presente do indicativo: **é** e **escreve**. Em seguida, ela emprega uma forma verbal no futuro do pretérito: **serviriam**.

a) Qual(Quais) dessa(s) forma(s) expressa(m) certeza em relação às ações do ChatGPT?

b) E qual(quais) expressa(m) dúvida ou incerteza?

6. No sexto parágrafo, a autora faz uma avaliação positiva sobre a capacidade do ChatGPT. Identifique os trechos em que isso ocorre e explique qual é a capacidade do algoritmo que ela reconhece como positiva.

7. No sétimo e no oitavo parágrafos, a cientista usa as palavras **conhecimento** e **usar** com letras maiúsculas e explicita que essa grafia foi empregada propositalmente.

a) Por que ela destaca essas duas palavras no contexto da discussão?

____

____

b) O emprego de letras maiúsculas também pode ser considerado uma forma de avaliação sobre a capacidade do ChatGPT? Por quê?

____

____

____

8. No final do texto, a autora deixa uma recomendação aos professores e faz uma projeção para o uso do algoritmo no futuro.

a) Que recomendação é essa?

____

____

b) Ela acredita que é justificável a preocupação de um dia o algoritmo substituir os produtores de conteúdo, como têm sido os livros? Justifique sua resposta.

____

____

Quando produzimos um texto, oral ou escrito, sempre manifestamos nosso ponto de vista sobre o tema tratado de forma menos ou mais explícita.

A seleção de palavras que fazemos, ainda que não seja proposital ou consciente, reflete, de alguma maneira, nossa avaliação sobre o assunto abordado. Os nomes que escolhemos e, principalmente, os adjetivos e as locuções adjetivas que usamos para definir, particularizar, especificar, caracterizar seres, coisas, situações, etc., assim como os verbos e advérbios e sua combinação no texto, entre muitos outros recursos linguísticos, são maneiras de avaliar um tema ou opinar sobre ele. Esse uso é chamado **modalização**.

Modalização é a manifestação das marcas que evidenciam o ponto de vista assumido pelo falante sobre o conteúdo de um enunciado e sobre sua relação com os interlocutores.

Compare as possibilidades a seguir e observe a diferença de sentido das frases, dependendo dos adjetivos e dos advérbios selecionados.

O algoritmo escreve textos.
O algoritmo escreve textos **coerentes**.
O algoritmo escreve textos **convincentes**.
O algoritmo escreve textos **muito convincentes**.
O algoritmo escreve textos **passavelmente convincentes**.
O algoritmo escreve textos **nada convincentes**.

Exercícios

Leia a tira a seguir, de Fernando Gonsales.

(*Folha de S.Paulo*, 5/2/2019.)

1. O humor da tirinha decorre da discussão entre moscas sobre um ditado popular lido em seu sentido literal.

a) A versão original do ditado "Em boca fechada não entra mosca" constrói uma ideia de:

☐ verdade absoluta

☐ dúvida

☐ possibilidade

b) No segundo e no terceiro quadrinhos, que palavras na pergunta e na resposta constroem o sentido de obrigatoriedade para o ditado popular?

____

____

c) Qual palavra da pergunta das moscas no quarto quadrinho indica possibilidade? E qual expressão reforça essa possibilidade?

____

____

d) A resposta à pergunta do quarto quadrinho indica certeza ou dúvida? Justifique sua resposta.

____

____

____

2. No segundo quadrinho, na resposta ao questionamento sobre o sentido do ditado popular, a mosca utiliza o advérbio **necessariamente**. Qual sentido é construído pelo advérbio na expressão "não necessariamente"? Seria diferente se a resposta fosse apenas "não"?

Leia a reportagem a seguir:

Como serão as viagens daqui a meio século

Passeios espaciais, fim do passaporte e foco na sustentabilidade estão no horizonte do turismo

Carolina Muniz

SÃO PAULO

O passaporte vai acabar, viagens espaciais serão realidade e turistas chineses tomarão o mundo até 2068. Ao menos são essas as visões de especialistas, convidados a imaginar as grandes transformações do turismo nos próximos 50 anos.

Já o Brasil seguirá como "destino exótico" e coadjuvante no turismo global, projeta Mariana Aldrigui, pesquisadora e professora da USP (Universidade de São Paulo).

InnaFelker/Shutterstock

> Turistas em um safári no Parque Nacional de Chobe, em Botsuana, 2008.

Nenhuma obra de infraestrutura que esteja sendo feita agora será finalizada a tempo de transformar o país em uma potência nesse intervalo, "por mais otimista que eu seja em relação ao setor", diz ela.

[...]

Em pouco tempo também a tecnologia vai transformar profundamente o setor, como fez nos últimos 50 anos. É difícil projetar meio século para frente, mas algumas mudanças já entram no radar.

Para começar, o viajante pode ir se desapegando da coleção de carimbos no passaporte. O documento em papel deve ser substituído por versões digitais e biométricas — acessadas nos aeroportos por impressão digital, por exemplo.

Os vistos de entrada nos países serão concedidos de forma mais rápida, já que, com uso de inteligência artificial, ficará mais simples investigar o histórico do turista. Mas deve continuar existindo alguma formalização, sobretudo para o pagamento de taxas. [...]

Outra tendência inevitável é a preocupação com a sustentabilidade, que deve frear a superexploração de destinos. Nessa mesma lógica, parques de diversões e atrações que usam animais também devem ser extintos.

"Os próximos anos serão pautados pela observação da vida selvagem como observação mesmo, sem envolvimento", afirma Aldrigui, da USP.

(Disponível em: https://www1.folha.uol.com.br/turismo/2018/09/como-serao-as-viagens-daqui-a-meio-seculo.shtml. Acesso em: 17/2/2023.)

3. Compare os seguintes trechos do texto.

"O passaporte vai acabar, viagens espaciais serão realidade e turistas chineses tomarão o mundo até 2068."

"Para começar, o viajante pode ir se desapegando da coleção de carimbos no passaporte. O documento em papel deve ser substituído por versões digitais e biométricas — acessadas nos aeroportos por impressão digital, por exemplo."

a) Pelo trecho inicial do texto, o fim do passaporte impresso é uma possibilidade ou uma certeza? Justifique sua resposta com base na construção do trecho.

b) No segundo trecho, a informação sobre o fim do passaporte é explicada. O que deve acontecer com ele?

c) Pela leitura do segundo trecho, o novo formato que substituirá o passaporte é uma certeza ou uma possibilidade? Que expressões confirmam sua resposta?

4. A especialista em turismo Mariana Aldrigui faz uma projeção sobre o Brasil como destino turístico nos próximos 50 anos.

a) Como ela caracteriza o Brasil no cenário futuro de turismo global?

b) Essa caracterização é vista como algo novo ou como uma situação existente anteriormente? Que palavra constrói esse sentido?

c) A caracterização do Brasil é uma avaliação mais positiva ou mais negativa do país como destino turístico? O que confirma sua resposta?

5. O texto trata também das futuras mudanças no turismo decorrentes da tecnologia. Duas expressões mostram a avaliação do autor do texto sobre essas mudanças.

a) Qual delas mostra uma avaliação sobre o tempo que levarão essas transformações?

---

b) Qual expressão mostra a avaliação sobre como serão essas transformações?

---

c) Qual é a classe gramatical das expressões identificadas nos itens **a** e **b**?

---

d) Qual adjetivo é utilizado para avaliar a projeção de mudanças ocasionadas pela tecnologia daqui a meio século?

---

6. Releia o seguinte trecho do texto:

> "Os vistos de entrada nos países serão concedidos de forma mais rápida, já que, com uso de inteligência artificial, ficará mais simples investigar o histórico do turista. Mas deve continuar existindo alguma formalização, sobretudo para o pagamento de taxas."

a) Que fato é apresentado como certo pelo texto?

---

b) Qual fato é apresentado como uma possibilidade?

---

c) Quais expressões são usadas para avaliar a maneira como os vistos serão concedidos no futuro? O que elas permitem inferir sobre a avaliação da autora a respeito de como são concedidos atualmente?

---

7. No penúltimo parágrafo, qual adjetivo é usado para mostrar a avaliação da autora do texto sobre as mudanças relacionadas à preocupação com a sustentabilidade?

____

DE OLHO NA escrita

Emprego da letra z

Leia este verbete de curiosidade:

Posso tomar banho depois de uma refeição?

Tomar banho frio ou entrar numa piscina depois de ter comido não oferece riscos. O que não se deve fazer é qualquer tipo de exercício físico intenso, como nadar ou surfar. Isso desvia o sangue do estômago para os músculos que estão trabalhando. Após as refeições, boa parte do seu sangue vai para o estômago e o intestino a fim de realizar uma digestão adequada. Ao praticar esportes depois de comer, a pessoa fica com dificuldade na digestão e acaba passando mal (enjoo, suor frio e tontura). Tomar banhos longos e quentes na banheira dilata os vasos sanguíneos da pele e também desvia o sangue do estômago.

VaLiza/Shutterstock

(Marcelo Duarte. *O guia dos curiosos*. São Paulo: Panda Books, 2017. p. 196.)

1. O texto rejeita uma crença tradicional de que não se pode tomar banho depois das refeições. Entretanto, ele apresenta algumas restrições.

a) O que o texto recomenda não fazer depois das refeições?

____

____

____

b) Qual é o motivo dessas restrições?

____

____

____

2. Identifique no texto palavras que apresentam o som /z/ ("zê").

____

____

3. Em qual(quais) dessas palavras o som /z/ ("zê") é representado, na escrita, pela letra:

a) s? ____

b) z? ____

c) x? ____

4. A palavra **realizar** é formada assim: **real** + **-izar**. Ou seja, o radical **real** se une ao sufixo **-izar**. Acrescente o sufixo **-izar** às palavras a seguir, formando verbos.

a) canal: ____

b) neutro: ____

c) vírus: ____

d) regular: ____

e) drama: ____

Ao responder às questões anteriores, você notou que o som /z/ ("zê") pode ser representado, na escrita, pelas letras **s**, **z** e **x**.

Conheça, a seguir, algumas regras que orientam o emprego da letra **z**.

Emprega-se a letra **z**:

- em substantivos abstratos resultantes de adjetivos + **ez** ou **eza**:

  lúcido → luci**dez**   pobre → pobr**eza**

- em verbos resultantes de palavras que não contêm **-s** na sílaba final + **izar**:

  ameno + izar → amen**izar**

- em palavras resultantes de outras que não contêm **-s** na sílaba final + **zinho** ou **zinha**:

  homem + zinho → homen**zinho**

Exercícios

Leia esta tira de Bill Watterson:

Calvin && Hobbes, B ll Watterson © 1995 Watterson/ Dist. by Andrews McMeel Syndication

(*O mundo é mágico: as aventuras de Calvin & Haroldo*. São Paulo: Conrad, 2007. p. 13.)

1. Indique as palavras da tira nas quais as letras **s** e **z** têm o som /z/ (zê).

____

2. Calvin conversa com seu pai.

a) O que ele pretende com sua fala?

____

____

b) Que argumentos ele utiliza para convencer o pai?

____

____

c) Qual é o sentido da expressão "labuta obstinada", no contexto?

____

d) Calvin exagera ou até faz chantagem para alcançar seu objetivo? Justifique sua resposta.

____

____

3. O último quadrinho concentra a maior parte do humor da tira. Nele, Calvin lança um argumento final. Com base nesse argumento, infira: Como ele vê o desenho que fez?

____

____

4. Algumas das palavras da tira apresentam a terminação **-izar**.

a) Demonstre o processo de formação dessas palavras.

____

b) Utilizando as palavras a seguir, forme outras palavras com a terminação **-izar**:

- canal: ____________________
- útil: ____________________
- urbano: ____________________
- animal: ____________________

5. Usando **-inho** ou **-zinho**, escreva o diminutivo destes substantivos:

a) olhos: ____________________

b) desenho: ____________________

c) vaso: ____________________

d) giz: ____________________

e) liso: ____________________

f) investimento: ____________________

DIVIRTA-SE

(Disponível em: https://br.pinterest.com/pin/606508274801622941/. Acesso em: 10/3/2023.)

A preposição

Construindo o conceito

Leia esta tira:

(André Dahmer. *Quadrinhos dos anos 10*. São Paulo: Quadrinhos na Cia., 2016. p. 99.)

1. Reescreva o texto da tira, completando as lacunas com os conectivos do quadro abaixo. Considere o sentido que as palavras ligadas por eles estabelecem entre si.

para	nas	sem	com	ao
a	diante da	em	de	

2. Das palavras do quadro da questão 1, duas delas têm sentido aproximado e uma pode ser substituída pela outra sem grande alteração de sentido. Quais são essas palavras?

3. No último quadrinho, a palavra **em** introduz uma noção de:

- [ ] lugar.
- [ ] causa.
- [ ] tempo.
- [ ] condição.

4. Duas palavras do quadro da questão 1 apresentam sentidos opostos. Quais são elas? Que sentidos elas apresentam?

5. Algumas palavras do quadro da questão 1 introduzem noção de lugar. Identifique-as.

6. Em "nas mãos", a palavra **nas** é uma junção de duas palavras **em** + **as**. Em que outra palavra do quadro da questão 1 ocorre um fenômeno semelhante?

7. Conclua: De modo geral, qual é o papel dessas palavras na construção das frases?

Conceituando

Preposição

Ao resolver os exercícios anteriores, você notou que há palavras que são utilizadas para fazer ligações em uma frase ou período. Observe:

- "Ele viajava **a**o planeta Terra **a** cada cem anos."
- "**Com** um presente **na**s mãos, fazia sempre a mesma pergunta."

Na primeira frase, por exemplo, a palavra **a** liga a forma verbal **viajava** a seu complemento, em "ao planeta Terra". Na segunda ocorrência, **a** introduz uma noção temporal à expressão "a cada cem anos".

As palavras que ligam outras palavras ou que conectam palavras a frases e expressões, como **com**, **de**, **para**, **em**, **sem**, **durante** são chamadas **preposições**.

Preposição é uma palavra que relaciona duas outras palavras, de forma que o sentido da primeira é completado pela segunda.

São estas as principais preposições de nossa língua:

a	até	contra	desde	entre	perante	sem	sobre
após	com	de	em	para	por (per)	sob	trás

As palavras também podem se ligar a outros termos por meio de uma expressão que especifica ainda mais o sentido entre eles. Por exemplo:

além de	depois de	em via de	diante de	através de	dentro de
antes de	ao invés de	defronte de	a par de	ao lado de	

Esse tipo de expressão é chamado **locução prepositiva**. Observe o emprego de "diante de" nesta frase:

"**Diante d**a resposta, voltava para casa sem entregar o presente."

No enunciado central da capa da revista ao lado, a preposição **entre** se destaca em "um roteiro charmoso entre Lisboa e Porto", ligando o ponto de origem ao ponto de chegada. No texto do canto inferior esquerdo, a preposição **em**, na contração **no**, indica o local onde se situam as praias: "no litoral norte paulista".

Reprodução/Editora Qual

Combinação e contração

Uma preposição pode se unir a outras palavras, formando **combinações** e **contrações**.

Combinação

Ocorre quando a preposição **a** se liga ao artigo **o**(**s**), sem que haja redução em nenhuma das duas formas na escrita do termo final. Veja:

Ele viajava **ao** planeta Terra a cada cem anos.

preposição + artigo

a + o = ao

A preposição **a** também se liga ao advérbio **onde** para formar o advérbio **aonde** por meio do processo de **combinação**:

Aonde ele pensa que vai?

preposição + advérbio

a + onde = aonde

Contração

Ocorre quando as preposições **a**, **de**, **em** e **per** (forma antiga de **por**) se unem a artigos ou pronomes, havendo redução da preposição na escrita do termo final. Observe:

"Com um presente **nas** mãos, fazia sempre a mesma pergunta."

preposição **em** + artigo **as**

Quando a preposição **a** se une ao artigo **a** ou aos pronomes **a**, **aquele**, **aquela**, **aquilo**, ocorre um tipo especial de contração, denominado **crase**. Na escrita, a crase é indicada com o acento grave. Veja:

Deu seu brinquedo **à** prima.

preposição **a** + artigo **a**

Ele se referiu **àquele** menino,

preposição **a** + pronome demonstrativo

não **àquela** garota.

preposição **a** + pronome demonstrativo

Veja como são formadas as contrações:

do = de (preposição) + o (artigo)
na = em (preposição) + a (artigo)
pelo = per (preposição) + o (artigo)
desse = de (preposição) + esse (pronome demonstrativo)
naquele = em (preposição) + aquele (pronome demonstrativo)

Exercícios

Leia os memes a seguir:

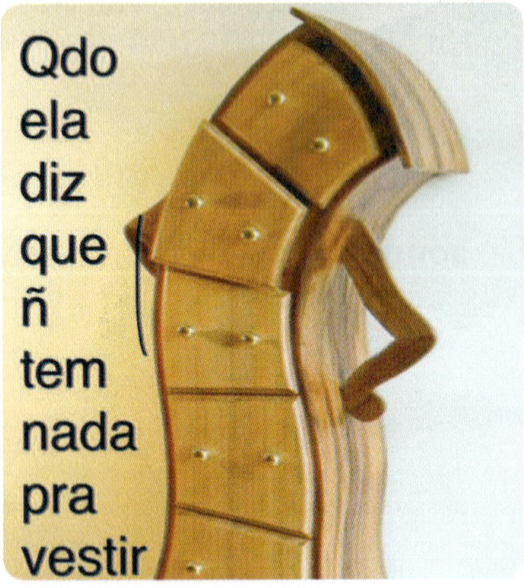

Reprodução/www.i.pinimg.com

(Disponível em: https://br.pinterest.com/pin/4503668362652214/. Acesso em: 24/2/2023.)

Reprodução/www.omeudiadia.com.br

(Disponível em: https://omeudiadia.com.br/fotos-engrcadas-com-memes-e-frases-para-whatsapp/. Acesso em: 14/2/2023.)

Reprodução/www.imgur.com

(Disponível em: http://www.criarmeme.com.br/meme/32275. Acesso em: 23/2/2023.)

1. Memes fazem piadas de situações do dia a dia e, muitas vezes, apresentam as palavras próximas da forma como são pronunciadas a fim de representar os usos cotidianos da língua. Os memes lidos contêm alguns termos usados informalmente pelos falantes. Identifique esses termos.

____

2. Entre os termos identificados por você no exercício 1, há um que se origina da contração de preposição com artigo. Identifique esse termo. Como ele é formado?

____

3. Entre os termos identificados no exercício 1, há um que corresponde a uma preposição. Identifique-o.

____

____

4. Entre os termos identificados no exercício 1, um deles não é preposição nem contração. Identifique-o e explique sua grafia.

____

____

5. Um dos memes apresenta palavras com grafia diferente da grafia oficial: "**Qdo**" e "**ñ**". Explique esses usos.

____

____

6. Complete as frases a seguir com as locuções prepositivas do quadro abaixo.

ao encontro de	de encontro a	em vez de
a par de	antes de/depois de	ao invés de
ao lado de	defronte de	por meio de

a) Que bom! Suas ideias vêm ______________________ nossas propostas.

b) Vá de carro ______________________ ônibus.

c) Mandei o dinheiro ______________________ um amigo.

d) Ele falou ______________________ mim.

e) Eu estou ______________________ tudo.

f) O ônibus foi ______________________ outro veículo, provocando um grave acidente.

Leia esta anedota de Ziraldo e responda às questões 7 e 8:

A professora diz pro Joãozinho:

— Sua redação sobre o cachorro está igualzinha à do seu irmão!

— É que o cachorro é o mesmo, professora!

(*Mais anedotinhas do Bichinho da Maçã*. São Paulo: Melhoramentos, 1993. p. 18.)

Jean Galvão/Acervo da editora

7. Há uma palavra implícita na fala da professora.

a) Reescreva a fala da professora, inserindo essa palavra.

____

____

____

b) Identifique, na fala da professora, duas contrações de preposição com artigo, explicando como cada uma foi formada.

____

____

____

c) Encontre outro exemplo de contração na anedota e explique seu processo de formação.

____

____

____

8. O humor da anedota é construído com base na resposta de Joãozinho ao questionamento da professora.

a) Que preposição é utilizada pela professora para introduzir o assunto da redação?

____

____

b) Troque ideias com os colegas e o professor: A resposta de Joãozinho é suficiente para justificar o problema de sua redação? Por quê?

Os valores semânticos das preposições

Ao ligar palavras, as preposições apresentam alguns valores semânticos, isto é, indicam sentidos.

Releia algumas frases do texto de abertura deste capítulo:

- "Ele viajava **ao** planeta Terra a cada cem anos."
- "**Com** um presente nas mãos, fazia sempre a mesma pergunta."
- "Diante da resposta, voltava **para** casa **sem** entregar o presente."

André Dahmer/Acervo do cartunista

A contração **ao** e a preposição **para** indicam o destino para onde se vai. As preposições **com** e **sem** indicam acompanhamento e privação, respectivamente.

O valor semântico das preposições depende do contexto no qual elas são empregadas, podendo a mesma preposição ter sentidos diferentes em contextos diversos. Observe:

- Ele fazia sempre a mesma pergunta, **com** um presente nas mãos. (acompanhamento)
- Faça as coisas **com** cuidado. (modo)
- Ficamos bastante animados **com** o seu convite. (causa)
- O garoto fez o suco **com** o liquidificador. (instrumento)

Exercícios

1. As preposições destacadas nas frases a seguir transmitem a noção de tempo ou de lugar. Indique o valor semântico delas em cada situação.

a) **A** cinco dias da prova, estudava muito. ______________________

b) Viajaremos **a** Natal amanhã. **Até** a volta! ______________________

c) **Após** tantos exames, foi aprovado no concurso. ______________________

d) Faço este caminho para vir à escola **desde** o ano passado. ______________________

e) Saiu **de** sua casa pela manhã e foi **até** a padaria comprar pão. ______________________

f) **De** tempos em tempos, encontramos velhos amigos. ______________________

g) Eles moravam **sob** o viaduto. ______________________

h) O avião caiu **sobre** várias casas. ______________________

Leia a tira a seguir e responda às questões 2 a 4.

© Armandinho, de Alexandre Beck/Acervo do cartunista

2. O humor da tira é construído com base na exploração da ambiguidade de uma preposição utilizada no primeiro quadrinho da tira. Que preposição é essa e em qual expressão ela aparece na tira?

____

3. Observe a fala da mãe de Armandinho no primeiro e no segundo quadrinhos.

a) Que sentimentos essas falas revelam?

____

b) Que sentido a mãe atribuiu à preposição e à expressão da qual a preposição faz parte? Justifique sua resposta com trechos da fala dela.

____

____

4. Relacione as partes verbal e não verbal do terceiro quadrinho.

a) Que traços da personalidade de Armandinho são revelados pela expressão facial dele?

____

b) Identifique o elemento não verbal responsável por instaurar a ambiguidade que gera o humor da tira, justificando sua resposta.

____

____

c) Identifique a contração presente nesse quadrinho, explicando seu processo de formação e o sentido que ela confere à expressão.

____

____

5. Complete as frases com preposições e locuções prepositivas ou com contrações e combinações, de acordo com o sentido indicado entre parênteses:

a) Ele foi ______________ o outro lado da cidade. (destino)

b) Ela comprou uma calça nova ______________ a festa. (finalidade)

c) Vou ______________ você ______________ cinema ______________ assistir ao filme. (companhia, destino, finalidade)

d) Veio ______________ escola ______________ pé. (origem, meio)

e) A casa dela fica ______________ duas quadras da minha. (distância)

f) Não quero ficar aqui apenas ______________ você. (causa)

g) Vamos juntos ______________ casa de meus avós. (lugar)

h) Ele falou ______________ gritos. (modo)

A preposição NA CONSTRUÇÃO DO TEXTO

Leia este poema:

Os **arroios**

Os arroios são rios guris...
Vão pulando e cantando dentre as pedras.
Fazem borbulhas d'água no caminho: bonito!
Dão **vau** aos burricos,
às belas morenas,
curiosos das pernas das belas morenas.
E às vezes vão tão devagar
que conhecem o cheiro e a cor das flores
que se debruçam sobre eles nos matos que atravessam
e onde parece quererem **sestear**.
Às vezes uma asa branca roça-os, súbita emoção
como a nossa se recebêssemos o miraculoso encontrão
de um Anjo...
Mas nem nós nem os rios sabemos nada disso.
Os rios **tresandam** óleo e alcatrão
e refletem, em vez de estrelas,
os letreiros das firmas que transportam utilidades.
Que pena me dão os arroios,
os inocentes arroios...

(*Mario Quintana de bolso*. Porto Alegre: L&PM, 2014. p. 86.)

Filipe Rocha/Acervo da editora

arroios: pequenos cursos ou correntes de água.
sestear: fazer a sesta, descansar.
tresandar: exalar odor desagradável.
vau: local raso de um rio, mar, lagoa, por onde se pode passar a pé ou a cavalo.

1. O poema compara os arroios aos rios.

a) Que relação é estabelecida pelo eu lírico entre esses dois elementos? Justifique sua resposta com trechos do texto.

b) Que afirmação o eu lírico faz sobre o cheiro e o reflexo dos rios? Que sentido essa afirmação acrescenta à comparação feita entre estes e os arroios?

c) Levando em conta o sentido do poema, identifique, entre os termos a seguir, aqueles que poderiam ser relacionados aos arroios (A) e aqueles que poderiam ser relacionados aos rios (R).

- [ ] ingenuidade
- [ ] senilidade
- [ ] beleza
- [ ] improdutividade
- [ ] decadência
- [ ] graciosidade
- [ ] vigor
- [ ] jovialidade
- [ ] degradação

Filipe Rocha/Acervo da editora

2. Para descrever os arroios e os rios, o poema faz uso de expressões com preposições. Encontre, nos seis primeiros versos:

a) uma expressão que contenha preposição com sentido de lugar.

b) uma expressão que contenha preposição com sentido possessivo.

c) duas expressões que contenham preposições que introduzem o beneficiário ou destinatário de uma ação.

____

d) uma expressão que contenha preposição com sentido de material de que é feito algo.

____

3. A preposição **sobre** pode tanto fazer uma referência espacial quanto introduzir um assunto, dependendo do contexto em que é empregada. Releia os seguintes trechos.

- "se debruçam sobre eles nos matos"
- "sabemos nada disso"

a) Entre os sentidos da preposição **sobre** mencionados no enunciado, qual deles prevalece no primeiro trecho citado?

____

____

b) Qual dos dois sentidos da preposição **sobre** mencionados no enunciado é desempenhado pela contração **disso** no segundo trecho? Justifique sua resposta.

____

____

____

____

c) Em qual dos versos a seguir a preposição **de** ou a contração **das** é empregada com o mesmo sentido do apontado por você no item **b**? Assinale a resposta e justifique sua escolha.

- [ ] "curiosos das pernas das belas morenas"
- [ ] "a cor das flores"
- [ ] "o miraculoso encontrão de um Anjo"

____

____

____

____

4. Releia estes versos:

> "Os rios tresandam óleo e alcatrão
>
> e refletem, em vez de estrelas,
>
> os letreiros das firmas que transportam utilidades."

a) Identifique, no trecho, uma locução prepositiva e dê o sentido dessa expressão.

b) A locução prepositiva identificada por você no item **a** contribui para enfatizar a contraposição feita em todo o poema entre os arroios e os rios. Troque ideias com os colegas e o professor e explique essa afirmação.

5. Nos dois últimos versos o eu lírico volta a falar dos arroios.

a) Levante hipóteses: Por que ele faz essa afirmação sobre os arroios?

b) Proponha uma reescrita para o penúltimo verso, sem alterar substancialmente seu sentido, utilizando uma contração com a preposição **de**.

SEMÂNTICA E DISCURSO

Leia o texto a seguir:

(Disponível em: https://www.mpba.mp.br/noticia/25444. Acesso em: 24/2/2023.)

1. O texto em estudo foi publicado em um *site* e diz respeito a uma campanha realizada no Brasil.

a) Deduza: Qual é o nome dessa campanha?

---

b) Entre as opções a seguir, identifique a que melhor descreve a função do texto lido.

- [ ] Lançar a campanha para ganhar a adesão da sociedade.
- [ ] Recolher assinaturas em prol de um bem comum.
- [ ] Divulgar um evento e promover inscrições.

2. Relacione as partes verbal e não verbal do texto.

a) O que representa o desenho na parte central?

______

______

______

b) O que representa o texto escrito em verde, logo abaixo do desenho central? Que novo sentido ele confere ao enunciado?

______

______

______

______

3. A expressão "criança de rua" contém a preposição **de**.

a) Assinale as opções em que a preposição **de** tem o mesmo sentido apresentado por essa preposição em "criança de rua":

- [ ] Material, constituição, como em "bolsa de couro".
- [ ] Origem, procedência, como em "venho de Curitiba".
- [ ] Assunto, repertório, como em "falava de você".
- [ ] Finalidade, função, como em "quarto de bagunça".

b) Justifique suas escolhas no item **a**.

______

______

______

4. Você aprendeu que as preposições ligam palavras a seus complementos. Releia o trecho que descreve a campanha:

> "Campanha nacional de enfrentamento à situação de moradia nas ruas de crianças e adolescentes."

a) Com muitos nomes sobrepostos em sequência e ligados por preposições, essa frase contém ambiguidade. Troque ideias com os colegas e o professor, depois explique essa ambiguidade.

______

______

b) Identifique, nessa frase, que termo é complementado por cada uma das expressões a seguir:

- de enfrentamento: ______
- à situação: ______
- de moradia: ______
- nas ruas: ______
- de crianças e adolescentes: ______

c) Reescreva a frase do anúncio a fim de eliminar a ambiguidade, escolhendo um dos sentidos que ela pode ter.

______

______

______

PARA ESCREVER COM adequação

Aumentativo e diminutivo dos nomes

Leia o miniconto a seguir:

Uma gripe

Haroldo Ceravolo Sereza

Ela engripou pela segunda vez, e pela segunda vez lançou seu corpinho por sobre a cama como quem deseja espalhar-se indefinidamente. Parecia um **escargô**, escapado da concha, parecia um boizinho, um carneirinho jogado no pasto, movimentando apenas as mandíbulas e deixando praticamente estéril o solo que sua boca podia alcançar.

Ela assoava o narizinho a cada poucos minutos, mas quando dava preguiça, limitava-se a tentar desentupi-lo com golpes de ar saídos de seu pulmão direito, pois o esquerdo, **infortunadamente**, encontrava-se obstruído.

Ela passava o diazinho, claro, porém um tanto nublado, sentada na cadeira de palha. Vestia verde, verde e vermelho, corezinhas que combinavam com seu novíssimo corte de cabelo, e pensei que talvez houvera mudado seu rosto por todo o sempre.

Ela, dona daquele dedão que de início considerei tão estranho, comportava-se como um simpático e febril doente, que não chega a preocupar, mas que exige atenção especial para espirrozinhos, tossezinhas, ranhozinhos. Ela estava mesmo bonitinha.

(*Folha de S.Paulo*. Folhinha, 20/11/2004.)

Filipe Rocha/Acervo da editora

escargô: forma aportuguesada de *escargot*, tipo de caracol apreciado como alimento.

infortunadamente: infelizmente.

1. O texto conta uma pequena história.

a) Quem é o personagem principal? É uma criança, um adulto ou um idoso? Justifique sua resposta.

b) Qual é a situação do personagem do texto?

Filipe Rocha/Acervo da editora

c) Levante hipóteses: Quem é o narrador?

2. O primeiro parágrafo do texto descreve o personagem central fazendo uma comparação:

"Parecia um escargô, escapado da concha"

a) Que ideia essa comparação transmite a respeito da condição desse personagem?

b) Que efeito essa comparação produz no texto?

3. O texto apresenta um número significativo de substantivos e de adjetivos no diminutivo.

a) Faça um levantamento sublinhando os diminutivos do texto.

b) A maioria das palavras é substantivo ou adjetivo?

c) Relacione o emprego dessas palavras ao universo do personagem central.

4. Os diminutivos e os aumentativos podem expressar diferentes sentidos, dependendo do contexto em que são empregados. Troque ideias com os colegas e responda: Que sentido os diminutivos expressam no texto lido: tamanho pequeno, carinho ou afetividade, ironia ou desprezo? Justifique sua resposta.

5. No trecho "Vestia verde, verde e vermelho, corezinhas que combinavam com seu novíssimo corte de cabelo [...]", a terminação -**íssimo**, da palavra **novíssimo**, transmite a ideia de:

- [ ] tamanho grande.
- [ ] grande intensidade.
- [ ] superioridade.

6. No último parágrafo, o narrador diz:

> "Ela, dona daquele dedão que de início considerei tão estranho, comportava-se como um simpático e febril doente [...]".

a) Que palavra desse trecho foi formada com o sufixo -**ão** e indica aumentativo?

b) Quando usamos essa palavra, sempre pensamos que ela indica tamanho grande?

c) No texto, qual é o sentido dessa palavra no aumentativo?

Os aumentativos e os diminutivos dos substantivos

Ao dizer **boizinho** e **dedão**, o narrador empregou o substantivo **boi** no diminutivo e o substantivo **dedo** no aumentativo, utilizando, para isso, os sufixos **-inho** e **-ão**.

Em português, temos dois processos para indicar os aumentativos ou os diminutivos dos substantivos:

- **analítico**: consiste em empregar junto do substantivo uma palavra que indique aumento ou diminuição:

animal **grande** | animal **pequeno**

- **sintético**: consiste em acrescentar ao substantivo uma partícula especial, chamada sufixo, indicativa de aumento ou diminuição:

nariz**inho** | carneir**ão**

É mais comum, no português brasileiro, o uso dos sufixos **-ão** e **-zão** (cabelão, pãozão) e dos sufixos **-inho** e **-zinho** (corpinho, corezinhas) para formar os aumentativos e diminutivos dos substantivos. Há, entretanto, outros sufixos formadores de aumentativo e diminutivo, como **-aço, -ázio, -isco, -ico** (ricaço, copázio, chuvisco, veranico).

O bocão e o cafezinho

Há situações em que os sufixos aumentativos emprestam aos substantivos uma ideia de desproporção, de brutalidade, de desprezo, isto é, um valor pejorativo e depreciativo:

Por que não fecha esse seu bocão?

O aumentativo dos substantivos também pode ser usado com o sentido positivo, como em:

Este é um timaço de basquete!

Os sufixos diminutivos podem acrescentar uma ideia de carinho, ternura, prazer, desejo e uma ideia negativa de troça, desprezo, ofensa:

- Nada como um bom cafezinho!
- Eu li essa bobagem neste jornaleco.

É importante lembrar que o sentido do emprego dos sufixos dependerá sempre do contexto em que é usado.

Os aumentativos e os diminutivos dos adjetivos

Os adjetivos apresentam grau ou gradação, ou seja, formas específicas quando empregados em construções comparativas. Há dois processos para empregar o grau do adjetivo: o comparativo e o superlativo.

Comparativo

Ocorre quando o adjetivo destaca a qualidade de um ser em relação a outro. Pode ser:

- de **igualdade**: tão + adjetivo + quanto/como:

O filho é **tão simpático quanto** o pai.

- de **superioridade**: mais + adjetivo + (do) que:

O filho é **mais simpático que** o pai.

- de **inferioridade**: menos + adjetivo + (do) que:

O filho é **menos simpático que** o pai.

In The Light Photography/Shutterstock

Superlativo

No texto "Uma gripe", há a expressão "**novíssimo** corte de cabelo" em que o adjetivo **novo** ganha intensidade por causa do emprego da terminação **-íssimo**. A palavra **novíssimo** está no superlativo.

O superlativo ocorre quando é destacada a qualidade de um ser isoladamente (**superlativo absoluto**) ou em relação a um conjunto ao qual pertence (**superlativo relativo**).

O **superlativo absoluto** pode ser expresso de forma analítica — com o uso de advérbios, como **mais**, **menos**, **muito** — ou de forma sintética, com sufixos.

- **Superlativo sintético**

  a) Sufixo **-or**: **maior**, **menor**, **pior**, **anterior**, **posterior**, **inferior**, **superior**.

  b) Sufixos **-imo**, **-emo**: **máximo**, **mínimo**, **ótimo**, **ínfimo**, **último**, **próximo**, **supremo**, **extremo**.

  c) Sufixos **-íssimo**, **-érrimo**: **agudíssimo**, **lindíssimo**, **macérrimo** ou **magríssimo**, **chiquérrimo**.

- **Superlativo analítico**

  Expressa-se com o auxílio de advérbios de intensidade: **muito**, **extremamente**, **bastante**, etc.:

  O céu estava **muito azul**.

O **superlativo relativo** pode ser:

- de **superioridade**: o/a + mais + adjetivo + de:

  Fábio é **o mais magro de** sua turma.

- de **inferioridade**: o/a + menos + adjetivo + de:

  Cláudio é o **menos falante da** escola.

Outros usos dos superlativos

No português brasileiro, surgiram usos mais enfáticos, às vezes irônicos, dos sufixos superlativos, como o de **-ésimo** ou **-résimo**: **carésimo**, **chiquésimo**, **chiquerésimo**.

Além dos sufixos, ocorrem prefixos na expressão do grau dos adjetivos, sobretudo na fala dos mais jovens:

super — superlegal

hiper — hipertrabalhoso

mega — megainteligente

ultra — ultrachique

Atenção

Os adjetivos **bom**, **mau**, **grande** e **pequeno** formam o comparativo e o superlativo de modo especial. Veja como:

		Superlativo	
Adjetivo	Comparativo de superioridade	Absoluto	Relativo
bom	melhor	ótimo	o melhor
mau	pior	péssimo	o pior
grande	maior	máximo	o maior
pequeno	menor	mínimo	o menor

Grau dos advérbios

Advérbios também aceitam gradação: **mais devagar**, **devagarinho**, **rapidinho**, **cedinho**, **pertinho**, **lonjão**. Assim como nos outros empregos, o sentido do grau dos advérbios é construído no contexto de uso, podendo ser usado com ironia ou construindo uma ideia de carinho ou uma ideia de descontração.

Exercícios

Leia o texto a seguir:

"Não quero, não vou, não posso, não faço"

Uso do diminutivo funciona como uma forma de coerção bastante eficaz

"Fica só mais um pouquinho. Come só um pedacinho. Bebe só um golinho".

Você consegue dizer não a pedidos recheados de diminutivos? Ou cede à pressão e acaba fazendo aquilo que não quer fazer? Tem medo de perder os amigos e ser acusado de chato pois "não custa nada dar só uma passadinha"?

Uma jornalista, de 37 anos, disse:

"Acordo todos os dias às 6 da manhã e preciso dormir cedo. Mas minhas amigas insistem: 'Dá só uma passadinha, você volta para casa cedinho'. Se respondo não, dizem que sou antissocial, neurótica e egoísta. Sempre acabo cedendo. [...] Tenho vontade de gritar: 'Eu tenho o direito de dizer não. Não é não!'".

Kevin Phillips/Pixabay

› Na árvore está escrito: "Apenas diga não".

coerção: ato de obrigar, repressão.

É curioso perceber como o uso do diminutivo funciona como uma forma de **coerção** bastante eficaz, como mostra uma atriz de 53 anos:

"Comecei um regime radical pois preciso perder dez quilos urgentemente. Cada vez que visito minha sogra é uma tortura psicológica: 'Deixa de ser chatinha, fiz o bolinho que você mais gosta. Come só um pedacinho'. [...]".

Ela conclui: "Essas pequenas concessões são cruéis. Quero agradar todo mundo e esqueço que preciso agradar a mim mesma em primeiro lugar. Não quero correr o risco de perder as pessoas que eu amo e acabo me submetendo aos seus desejos. Preciso aprender a dizer: 'Não quero, não vou, não posso, não faço'. Cada vez que eu digo sim só para agradar aos outros é um não para os meus desejos e planos. [...]".

Você também precisa aprender a dizer não?

(Mirian Goldenberg. Disponível em: https://www1.folha.uol.com.br/colunas/miriangoldenberg/2019/09/nao-quero-nao-vou-nao-posso-nao-faco.shtml. Acesso em: 24/2/2023.)

1. A autora do texto defende um ponto de vista a respeito do papel dos diminutivos nos relacionamentos sociais.

a) Qual é a tese defendida pela autora?

b) Infira: Por que ela acredita que os diminutivos têm esse poder?

c) Compare:

- "Fica só mais um pouquinho. Come só um pedacinho. Bebe só um golinho."
- Fica só mais um pouco. Come só um pedaço. Bebe só um gole.

Que diferença de sentido há entre essas duas formas?

2. O texto retrata diferentes situações em que o diminutivo é empregado.

a) Considerando o contexto, responda: Que sentido os diminutivos têm nas situações a seguir?

- "Dá só uma passadinha, você volta para casa cedinho."
- "Deixa de ser chatinha, fiz o bolinho que você mais gosta."

b) Identifique a classe gramatical das palavras que estão no diminutivo nas frases do item **a** e responda: Em quais classes gramaticais o diminutivo costuma ser empregado?

3. Você também costuma ceder aos apelos dos interlocutores quando eles empregam palavras no diminutivo? Cite alguns exemplos.

____

____

____

4. Dê o superlativo sintético destas palavras citadas no texto:

a) chato: _______________
b) eficaz: _______________
c) urgente: _______________
d) cedo: _______________
e) curioso: _______________
f) cruel: _______________

Leia o trecho da resenha crítica a seguir:

O baião de dois de Whindersson Nunes

Na Netflix, stand-up do humorista faz graça das desigualdades sociais

Fer Gregory/Shutterstock

Como na maioria dos shows de stand-up, o conteúdo é previsível: as agruras de um recém-casado, os desencontros do turismo, a vergonha alheia com membros da família.

Mas o piauiense Whindersson Nunes mostra que não é um comediante comum [...]. Ele [...] nasceu em Palmeira do Piauí, uma cidade com pouco mais de 5.000 habitantes, a oito horas de carro de Teresina.

Foi de Bom Jesus, uma cidade um pouco maior (25 mil habitantes) e um pouco mais longe (dez horas até a capital do estado), que Whindersson começou a mandar seus vídeos humorísticos, gravados num quarto paupérrimo.

[...]

Um dos segredos do sucesso de Whindersson talvez esteja nessa ambiguidade. Ele aborda com talento as tristezas e os ridículos de quem, como ele, sempre foi bem pobre.

Miserável, não. Mas pobre mesmo. Claro que, hoje, Whindersson está riquíssimo; comprou um jatinho para suas turnês e não faz segredo disso.

[...]

(Disponível em: https://www1.folha.uol.com.br/colunas/marcelocoelho/2019/08/o-baiao-de-dois-de-whindersson-nunes.shtml?loggedpaywall. Acesso em: 27/2/2023.)

5. Na resenha, sobre um *show* de Whindersson Nunes, o autor do texto também fala sobre a vida do comediante.

a) Em quais parágrafos o autor fala sobre o *show*?

____

b) Em quais parágrafos ele fala da biografia do comediante?

c) Por que a vida do comediante é relevante para o texto?

6. Há, no texto, o emprego de dois adjetivos no grau superlativo.

a) Identifique-os.

b) Que sentido apresenta cada um dos adjetivos empregados?

7. Alguns superlativos formam-se com radicais eruditos, vindos diretamente do latim. Observe estas outras formas:

livre – do latim *liber* – libérrimo
antigo – do latim *antiquo* – antiquíssimo
amigo – do latim *amice* – amicíssimo

Conclua: Como foi formado o adjetivo **paupérrimo**?

DIVIRTA-SE

Uma moça entra em uma loja e pergunta:
— Vocês vendem vestido de noite?
— Não, de noite a loja está fechada.

(Domínio público.)

Jean Galvão/Acervo da editora

·CAPÍTULO·

5 A interjeição

Construindo o conceito

Leia a história em quadrinhos a seguir.

Will Leite/Acervo do cartunista

(Disponível em: http://www.willtirando.com.br/a-lista-da-anesia-10/. Acesso em: 8/3/2023.)

1. Observe os três primeiros quadrinhos.

a) Deduza: O que a legenda do primeiro quadrinho sugere sobre o conteúdo do quadrinho?

b) Explique a relação do 2º e do 3º quadrinhos com o primeiro.

c) Como é a expressão facial das personagens que aparecem no 2º e no 3º quadrinhos? Justifique sua resposta com elementos da imagem.

2. Do 4º ao 6º quadrinhos acontecem os diálogos.

a) Deduza: Qual é a relação entre as personagens que conversam?

b) Troque ideias com os colegas e o professor, depois explique, no contexto da história, a função da resposta dada pela garota no 5º quadrinho.

c) Quais sentimentos sugerem as expressões faciais da personagem que carrega o saco de compras nos quadrinhos em que ela aparece? Indique as palavras que reforçam esses sentimentos nas falas dessa personagem e conclua: Por que há uma mudança?

3. Os dois últimos quadrinhos são essenciais para a construção do humor da história.

a) O que Anésia faz neles?

____

____

b) O humor dessa história em quadrinhos está nas duas interpretações possíveis da palavra **talento**. Indique quais são essas duas interpretações e explique por que elas contribuem para a construção do humor da história.

____

____

____

____

____

Conceituando

Interjeição

Nas situações em que foram empregadas na história em quadrinhos estudada, a expressão "Ora, ora!" e a palavra **Aff**! expressam emoções da personagem. "Ora, ora!" exprime surpresa, pois a mãe fica surpresa ao ver avó e neta tricotando juntas; enquanto **Aff**! exprime descontentamento, pois a filha lhe dá uma resposta grosseira. Além de **Aff**!, há na língua portuguesa muitas outras palavras, como **ai**, **ah**, **puxa**, **ufa**, **nossa**, **droga**, que empregamos para manifestar nossos sentimentos, emoções e sensações. Essas palavras são chamadas **interjeições**.

Interjeição é a palavra que expressa emoções, impressões, apelos, sensações, estados de espírito.

Veja outras frases em que há emprego de interjeição:

"**Ah**, que bom é ao coração
Ter este bem que não existe!"

(Fernando Pessoa)

"**Ai**, batalha do tempo contra a luz, vitória do pequeno sobre o muito"

(Carlos Drummond de Andrade)

"**Psiu**!
Há rumores ocultos nas cartas do baralho
Valete e Dama se encontram"

(Lúcia do Valle)

Will Leite/Acervo do cartunista

Duas ou mais palavras que desempenham, juntas, o papel de interjeição, como na expressão "Ora, ora!" são chamadas de **locução interjetiva**. Veja a seguir mais alguns exemplos:

- **Santo Deus!** O que aquele homem está fazendo na marquise do prédio?
- **Muito obrigado!** Eu sei me virar sozinho.
- Você acha que eu tenho dinheiro? **Pobre de mim!**

Valores semânticos das interjeições

Os valores semânticos das interjeições são sempre contextuais. Entre outros, elas podem expressar:

- **advertência:** Cuidado!, Olhe!, Atenção!, Fogo!
- **agradecimento:** Obrigado!, Grato!, Valeu!
- **alegria:** Ah!, Eh!, Oh!, Oba!, Viva!
- **alívio:** Ufa!, Ah!
- **ânimo:** Coragem!, Força!, Ânimo!
- **apelo ou chamamento:** Socorro!, Ei!, Ô!, Oi!, Alô!, Psiu!
- **aplauso:** Muito bem!, Bravo!, Bis!, É isso aí!
- **aversão ou contrariedade:** Droga!, Porcaria!, Credo!
- **desejo:** Oxalá!, Tomara!, Quisera!, Queira Deus!
- **dor:** Ai!, Ui!, Ah!
- **espanto, surpresa:** Oh!, Puxa!, Quê!, Nossa!, Nossa mãe!, Virgem!, Caramba!
- **medo:** Oh!, Credo!, Cruzes!
- **reprovação:** Bah!, Ora!, Oras bolas!, Só faltava essa!
- **satisfação:** Viva!, Oba!, Boa!, Bem!
- **silêncio:** Silêncio!, Psiu!

Jean Galvão/Acervo da editora

Você sabia?

Qualquer palavra pode tornar-se uma interjeição, dependendo do contexto e do tom exclamativo com que é pronunciada. Veja:

- **Raios!** O que você está fazendo aqui? (substantivo)
- Ninguém o compreende, **coitado!** (adjetivo)
- Os torcedores gritavam para o juiz, a uma só voz: **fora! fora!** (advérbio)

Exercícios

1. Substitua as frases destacadas por interjeições ou locuções interjetivas:

a) Ganhou na loteria? **Não é possível que isso tenha acontecido!** E ele já sabe?

b) Marta! **Que alegria tê-la conosco!**

c) Rapazes, **é preciso ter coragem!** Só faltam dez minutos para ganharmos o jogo.

d) **Alguém me ajude! Alguém me ajude!** Estou me afogando!

e) A plateia gritava para o pianista: **"Você tocou muito bem!"**.

2. Agora, faça o contrário. Substitua as interjeições e locuções interjetivas por frases que expressem o mesmo sentido:

a) "— **Que horror!** Como se pode viver assim? Coitada da gente! Cadê os retirantes?"

(Rachel de Queiroz)

b) "— **Muito prazer, muito prazer** — despediu-se, balançando a cabeça e caminhando de costas como um chinês."

(Fernando Sabino)

c) "A neta repete mais uma vez: '**Ih**, vó, parece até que a senhora vai ao baile da Ilha Fiscal...' "

(Paulo Mendes Campos)

d) **Ai** que medo que dá essa
força de seguir em frente,
abrindo trilha e estrada,
olhando o sol cara a cara
e escolhendo o destino
no nó das encruzilhadas.

(Carlos Queiroz Telles)

e) **Viche!** Vem chegando
O gato Raimundo:
Traz cocô pra todo mundo.

(Sérgio Capparelli)

A interjeição NA CONSTRUÇÃO DO TEXTO

Leia o meme a seguir.

(Disponível em: https://pt-br.facebook.com/ArtesDepressao/posts/1686296038166487/. Acesso em: 9/3/2023.)

1. Observe a construção "Dos mesmos criadores de [...] vem aí [...]", que estrutura o meme:

a) Em que situação geralmente essa construção é utilizada?

____

____

____

b) Que efeito de sentido é criado pelo uso dessa expressão na situação mencionada?

____

____

____

2. No meme é feita uma brincadeira com uma frase que foi muito usada nas redes sociais, viralizou e pode ser encontrada até mesmo em estampas de quadros e camisetas.

a) Deduza: Qual é essa frase?

b) E qual nova frase é apresentada pelo meme?

3. As frases indicadas por você na questão anterior são formadas por quatro locuções interjetivas bastante comuns na nossa língua.

a) Identifique-as e dê o sentido de cada uma delas.

b) Troque ideias com os colegas e o professor e levante hipóteses: Da forma como essas interjeições foram agrupadas nas frases do meme, que efeito de sentido elas criam?

4. Agora, observe a parte não verbal do meme.

a) Do que ela é composta?

b) Troque ideias com os colegas e o professor e levante hipóteses: Que relação há entre as partes verbal e não verbal?

Reprodução/Museu do Louvre, Paris, França

> *Mona Lisa*, de Leonardo da Vinci, 1503.

5. Em geral, os internautas publicam as frases citadas no meme em seus perfis fazendo referência a uma situação pela qual estão passando.

a) Que sentimento as frases revelam?

b) Qual é a palavra que verbaliza esse tipo de sentimento ou de relação entre as duas partes de cada frase?

c) Imagine situações nas quais essas frases podem ser usadas.

d) Conclua: É possível considerar que cada uma dessas frases corresponde a uma locução interjetiva? Justifique sua resposta.

SEMÂNTICA E DISCURSO

Leia o texto a seguir para responder às questões 1 a 4.

(Disponível em: http://www.circuitoliberdade.mg.gov.br/es-es/noticias-es/300-iepha-promove-campanha-nas-redes-sociais-para-a-preservacao-do-patrimonio-cultural-no-carnaval. Acesso em: 9/3/2023.)

1. O texto lido circulou nas redes sociais e fez parte de uma campanha em uma época específica do ano. Deduza:

a) A que época do ano se refere a campanha?

____

b) A quem a campanha é destinada? Qual é a sua finalidade?

____

____

____

c) Quem são os responsáveis pela campanha?

____

d) Com base no contexto de circulação da campanha, deduza: Qual é o sentido da sigla Iepha? Marque com um X.

- [ ] Instituto Esportivo da Prática de Hóquei Aquático.
- [ ] Instituto Eletivo de Prevenção da Hepatite A.
- [ ] Instituto Estadual do Patrimônio Histórico e Artístico.

2. O que representam, no contexto, os grafismos brancos que compõem o texto?

3. O texto contém uma *hashtag*, representada pelo símbolo #. Qual é a função da *hashtag* no contexto da campanha?

4. Releia a frase escrita na parte superior do texto, em letras maiúsculas.

a) Essa frase apresenta uma interjeição. Identifique-a e indique qual é o valor semântico, isto é, o sentido dela no contexto.

b) Que palavra ou expressão de sentido equivalente poderia substituir essa interjeição?

c) Essa frase estabelece intertextualidade com outro texto, que está relacionado ao contexto de circulação do texto em estudo. Troque ideias com os colegas e o professor e conclua: Com qual texto é construída essa intertextualidade? Se julgar necessário, faça uma breve pesquisa.

5. Veja as imagens a seguir.

Reprodução/UauIngleza

(Disponível em: https://www.instagram.com/uauingleza/. Acesso em: 9/3/2023.)

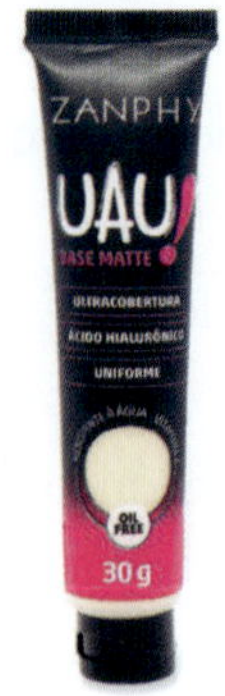

Reprodução/ZANPHY COSMETICOS

(Disponível em: https://www.facebook.com/Fprecojusto/photos/pcb.2181765545209791/2181763471876665/?type=3&theater. Acesso em: 9/3/2023.)

Reprodução/www.uaupizza.com.br

(Disponível em: https://www.facebook.com/uaupizzadelivery/. Acesso em: 9/3/2023.)

Reprodução/Uau Presentes Criativos

(Disponível em: https://www.facebook.com/uaupresentescriativos/. Acesso em: 9/3/2023.)

Reprodução/www.uaudisney.com.br

(Disponível em: https://www.facebook.com/uaudisney/. Acesso em: 9/3/2023.)

Reprodução/UAU Festas

(Disponível em: https://www.instagram.com/uaufestas/. Acesso em: 9/3/2023.)

a) As imagens representam marcas e logotipos de empresas de diferentes segmentos, todas com o mesmo nome: **Uau**. Consulte um dicionário e dê a classificação morfológica dessa palavra, bem como seu sentido.

b) Troque ideias com os colegas e o professor e conclua: Que sentido é construído pela palavra **uau** no nome de uma empresa, marca ou produto?

c) Um dos nomes encontrados nas imagens faz uma brincadeira com o som da palavra **uau**. Identifique qual é ele e explique como se dá essa brincadeira.

6. Por estarem diretamente relacionadas à expressão dos sentimentos, algumas interjeições também dizem muito sobre a identidade das pessoas que as utilizam. No Brasil, por exemplo, há interjeições típicas das diferentes regiões do país. Observe:

Ô louco! Afe! Éguas! Nu! Vixe! Bah! Quá! Oxe! Eita! Lá!

a) Você costuma utilizar alguma dessas interjeições no dia a dia? Se sim, qual?

b) Faça uma pesquisa e descubra as cidades, os Estados e as regiões do Brasil que são tradicionalmente conhecidos pelo uso dessas interjeições.

c) É comum que uma mesma interjeição possa assumir mais de um sentido quando empregada em contextos diferentes. Imagine diferentes situações nas quais uma ou mais interjeições do quadro possam expressar estes sentimentos:

- lamento
- alegria
- surpresa
- desprezo

PARA ESCREVER COM adequação

Plural dos substantivos e dos adjetivos compostos

Leia o texto a seguir.

Nas férias, Curitiba promove segunda-feira também como um dia de passeio

Férias e janeiro combinam com explorar ou redescobrir atrações de Curitiba. Mas moradores e turistas, muitas vezes, têm dificuldade de saber o que abre nas segundas-feiras. A boa notícia é que várias atrações da capital funcionam no primeiro dia útil da semana e podem ser conferidas no guia Curta Curitiba Até Segunda, disponível no portal do Instituto Municipal de Turismo, órgão ligado à Prefeitura da capital. [...]

Um dos espaços turísticos que abrem na segunda-feira é o nostálgico Bondinho da Rua XV de Novembro, no Centro. Restaurado pela Prefeitura em 2018, o cartão-postal é atração turística do calçadão desde 1973. O local retomou as atividades como Bondinho da Leitura, ponto para empréstimo gratuito de livros e atividades de incentivo à leitura da Fundação Cultural de Curitiba.

Nereu Jr./Pulsar Imagens

› Bondinho da Leitura na Rua XV de Novembro ou Rua das Flores, em Curitiba, 2016.

(Disponível em: https://www.bemparana.com.br/bem-estar/turismo/nas-ferias-curitiba-promove-segunda-feira-tambem-como-um-dia-de-passeio/. Acesso em: 27/2/2023.)

1. O texto jornalístico trata de uma particularidade de uma cidade brasileira.

a) Que cidade é essa e qual é essa particularidade?

b) Por que esse fato é tratado como uma particularidade?

2. Foram empregados no texto dois substantivos compostos.

a) Identifique-os.

b) Um desses substantivos é utilizado no texto no sentido não literal, isto é, com significado diferente do que tem originalmente. Indique qual é ele e explique o sentido original e o sentido que ele tem no contexto.

Diego Grandi/Shutterstock

> Vista aérea da cidade de Curitiba, Paraná.

3. Um dos substantivos compostos foi empregado em suas formas singular e plural, e o outro, apenas no singular.

a) Observe o que foi empregado nas duas formas e conclua: Como se formou o plural desse substantivo composto?

____

____

b) Complete a frase a seguir com o plural do outro substantivo composto que você identificou no texto.

- Enviei os _______________ pelo correio.

Plural dos substantivos compostos

Ao empregar substantivos compostos no plural, devemos observar algumas regras. As principais são as seguintes.

- Pluralizam-se as palavras variáveis (substantivos, adjetivos e numerais ordinais) e não se pluralizam as invariáveis (verbos e advérbios):

abelha**s**-mestra**s** subst. subst.	erva**s**-doce**s** subst. adj.	quarta**s**-feira**s** num. ord. subst.
guarda-roupa**s** verbo subst.	bem-amado**s** adv. adj.	bota-fora verbo adv.

- Quando o substantivo composto for formado por dois substantivos, de modo que o segundo elemento especifica o primeiro, há duas possibilidades de formação do plural: flexiona-se apenas o primeiro elemento ou os dois:

  - manga**s**-rosa ou manga**s**-rosa**s**
  - pombo**s**-correio ou pombo**s**-correio**s**

- Quando as palavras se ligam por **de**, **do**, só se pluraliza a primeira palavra:

  - pé**s**-de-meia
  - arco**s**-da-velha

- Quando as palavras são repetidas ou representam onomatopeias, só se pluraliza a segunda:

  - pisca-pisca**s**
  - reco-reco**s**

Guardas-florestais e guarda-comidas

Nos substantivos compostos com a palavra **guarda**:

- os dois elementos se pluralizam quando **guarda** for substantivo:

  guarda**s**-florestai**s**
subst. adj.

- só o segundo elemento se pluraliza quando **guarda** for verbo:

  guarda-comida**s**
verbo subst.

Exercícios

1. Em quais sequências de substantivos compostos abaixo todos estão corretamente flexionados no plural? Indique-as e reescreva adequadamente os substantivos que não estão flexionados de acordo com a norma-padrão.

a) ☐ guarda-comidas, recém-nascidos, boias-frias, sextas-feiras

____

b) ☐ cirurgiões-dentistas, roda-gigantes, águas-de-colônia, prontos-socorros

____

c) ☐ perobas-do-campo, corre-corres, tico-ticos, toca-fitas

____

d) ☐ quebras-cabeças, porta-malas, vales-transportes, curto-circuitos

____

e) ☐ cartões-postais, bem-te-vis, saca-rolhas, conta-gotas

____

Yellow Cat/Shutterstock

Quality Stock Arts/Shutterstock

2. Reescreva as frases a seguir, passando para o plural todos os substantivos compostos. Faça as adaptações necessárias.

a) O ex-prefeito vai participar de um programa de bate-papo na TV toda sexta-feira.

____

b) O aquário só tinha cavalo-marinho e peixe-espada.

____

c) O pica-pau e o tico-tico fizeram ninho na árvore de laranja-baía.

____

3. Leia o texto a seguir, que circula na internet.

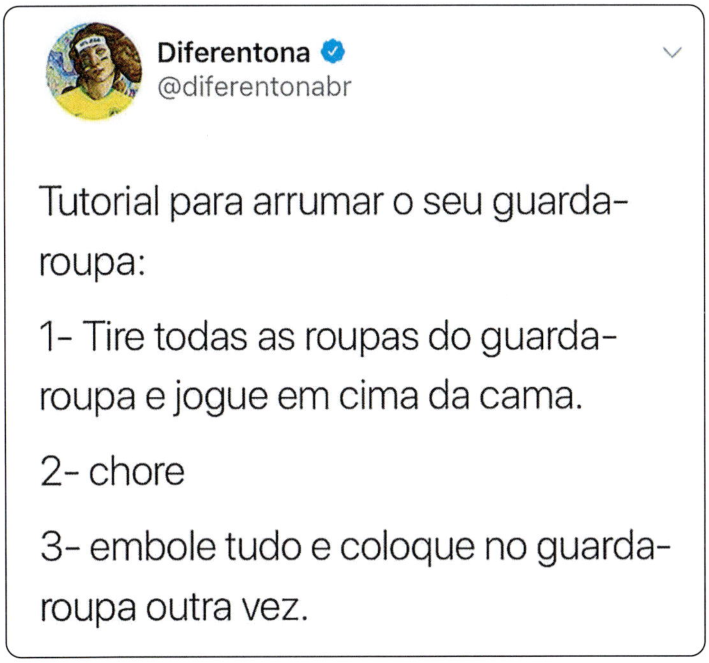

Diferentona
@diferentonabr

Tutorial para arrumar o seu guarda-roupa:

1- Tire todas as roupas do guarda-roupa e jogue em cima da cama.

2- chore

3- embole tudo e coloque no guarda-roupa outra vez.

(Disponível em: https://www.facebook.com/metropolitanafm/photos/simples-assim-s%C3%B3-chorando-mesmo-hahahah/10161108582840144/?locale=pt_BR. Acesso em: 9/3/2023.)

a) O texto anuncia ser um tutorial. Qual é a função de um tutorial?

____

b) Troque ideias com os colegas e o professor e conclua: Como é construído o humor desse texto?

____

____

____

c) Reescreva o título do texto, empregando a palavra **guarda-roupa** no plural e fazendo as alterações necessárias para que o título passe a ter um sentido mais geral, e não particular.

____

____

____

____

4. Alguns substantivos compostos com a palavra **guarda** apresentam a mesma forma no singular e no plural. É o caso, por exemplo, de **guarda-costas**, **guarda-livros** e **guarda-volumes**. Considerando essa informação, reescreva a frase a seguir, passando para o plural os substantivos compostos. Faça as adaptações necessárias.

- O guarda-noturno vigia o guarda-volumes sem precisar de guarda-sol.

____

____

5. Leia este texto:

[...] Com o objetivo de cobrar do governo federal e dos governadores dos estados que integram a Amazônia a cumprirem com o seu dever de assegurar os direitos dos povos indígenas e esvaziar os garimpos que estão dentro das terras indígenas, o Greenpeace Brasil lança [...] a petição #AmazôniaLivredeGarimpo.

Para Danicley Aguiar, ______________________ de Povos Indígenas do Greenpeace Brasil, a dinâmica do garimpo está atrelada a um modelo de desenvolvimento econômico ultrapassado, que foca apenas na exploração irracional dos recursos naturais. [...]

O ______________________ faz parte de uma campanha do Greenpeace Brasil, também chamada Amazônia Livre de Garimpo, que busca chamar atenção para o problema, apoiar a Aliança em Defesa dos Territórios, responsabilizar os envolvidos neste tipo de ilegalidade e mobilizar a sociedade brasileira para a importância de construirmos um novo modelo de desenvolvimento econômico na Amazônia, com novas oportunidades de desenvolvimento e que diminua a desigualdade e mantenha as florestas de pé.

(Disponível em: https://blogdopedlowski.com/2023/02/13/peticao-amazonia-livre-de-garimpo-a-hora-e-essa-e-lancada-hoje-pelo-green peace-brasil/. Acesso em: 9/3/2023.)

a) Complete as lacunas com dois dos substantivos compostos do quadro a seguir, de acordo com o sentido do texto.

bota-fora	abaixo-assinado	boa-nova
saca-rolhas	porta-voz	bem-me-quer

b) Dê o plural dos substantivos que você usou para completar o texto.

____

6. Complete as manchetes que seguem, com o plural destes substantivos compostos:

guarda-chuva	montanha-russa	beija-flor	cachorro-quente

Testamos as novas ______________________ de Orlando que prometem agitar a temporada

(Disponível em: https://viagemegastronomia.cnnbrasil.com.br/viagem/testamos-as-novas-montanhas-russas-de-orlando-que-prometem-agitar-a-temporada/. Acesso em: 9/3/2023.)

Marca cria roupas reaproveitando ______________________ quebrados

(Disponível em: https://ciclovivo.com.br/inovacao/negocios/marca-cria-roupas-reaproveitando-guarda-chuvas-quebrados/. Acesso em: 9/3/2023.)

Homem tem ideia genial para ajudar ______________________ em inverno congelante

(Disponível em: https://www.amomeupet.org/noticias/7512/homem-tem-ideia-genial-para-ajudar-beija-flores-em-inverno-congelante. Acesso em: 9/3/2023.)

Entidades venderam mais de 50 mil ______________________ durante programação do Natal Vida em Ijuí

(Disponível em: https://radioprogresso.com.br/entidades-venderam-mais-de-50-mil-cachorros-quentes-durante-programacao-do-natal-vida-em-ijui/. Acesso em: 9/3/2023.)

7. Leia o poema de Paulo Leminski:

[...]
acenda a lâmpada às seis horas da tarde
acenda a luz dos lampiões
inflame
    a chama dos salões
    fogos de línguas de dragões
    ____
numa nuvem de poeira e neon
tudo é claro
à noite assim que é bom
[...]

(*Toda poesia*. Companhia das Letras, 2013. p. 220.)

Filipe Rocha/ Acervo da editora

a) Complete com o plural de **vaga-lume** a lacuna no poema de Paulo Leminski.

b) Justifique a mudança que você fez para passar para o plural a palavra **vaga-lume**.

____

____

Plural dos adjetivos compostos

Leia os títulos e trechos das matérias jornalísticas a seguir.

Seleção alemã admite inspiração no Flamengo para uniforme rubro-negro

Em postagem em rede social no lançamento da roupa alternativa, time germânico diz que cores são para trazer sorte na Copa do Mundo: 'Sua camisa para o Rio'

(Disponível em: http://globoesporte.globo.com/futebol/futebol-internacional/noticia/2014/02/selecao-alema-admite-inspiracao-no-flamengo-para-uniforme-rubro-negro.html. Acesso em: 9/3/2023.)

Suriname: cinco fatos para conhecer o país sul-americano

País era uma colônia da Holanda até 1975, quando ganhou a independência

(Disponível em: https://revistagalileu.globo.com/Sociedade/noticia/2019/07/suriname-cinco-fatos-para-conhecer-o-pais-sul-americano.html. Acesso em: 9/3/2023.)

Esta é a melhor praia do mundo, segundo premiação

Grace Bay é praticamente um cenário dos sonhos: suas areias brancas se estendem por 12 quilômetros e as águas azul-turquesa são claras e calmas. Neste ano, ela liderou o Travelers' Choice Awards, do TripAdvisor, como a melhor praia do mundo — assim como em muitas outras premiações.

(Disponível em: https://forbes.com.br/forbeslife/2022/04/esta-e-a-melhor-praia-do-mundo-segundo-premiacao/. Acesso em: 9/3/2023.)

1. Nos três textos, há o emprego de adjetivos compostos. Identifique-os.

____

2. Reescreva os dois primeiros títulos, passando as palavras **uniforme** e **país** para o plural e fazendo as adaptações necessárias.

____

____

3. Observe o adjetivo composto empregado no terceiro texto.

a) A que substantivo ele se refere?

____

b) Levante hipóteses: Por que o adjetivo está empregado no singular?

____

____

Veja, a seguir, as regras que devemos observar ao empregar no plural palavras como essas.

- Nos adjetivos compostos, apenas o último elemento vai para o plural:

  - bolsas **marrom-claras**
  - acordos **luso-brasileiros**

Exceção: **azul-marinho**, que é invariável: blusas **azul-marinho**.

- Os adjetivos compostos que se referem a cores são invariáveis quando um dos elementos é substantivo:

biquínis **azul-petróleo** (petróleo: substantivo)

vestidos **rosa-choque** (choque: substantivo)

Exercícios

1. Leia o texto a seguir:

Conheça a história de mais de 100 anos da Seleção Brasileira de Futebol

Gualter Fatia/Getty Images

[...]

Nos moldes que conhecemos, com a nomenclatura que damos, a Seleção Brasileira existe desde 1914.

[...] Após dois meses da estreia, carregando algumas vitórias na bagagem, a Seleção alcançou seu primeiro título, o de campeão da Copa Rocca, na Argentina.

[...]

O segundo título veio apenas muito tempo depois, em 1919, quando finalmente os canarinhos conseguiram bater o Uruguai e finalizar o Campeonato Sul-Americano em primeiro lugar.

[...]

Ao contrário do que se pensa, nosso time nem sempre foi a Seleção Canarinho. Foram 40 anos jogando com um uniforme quase completamente branco [...] No ano de 1954, a então já denominada CBF resolveu fazer um concurso para que um novo uniforme fosse elaborado.

Tratou-se de um concurso popular que teve por vitorioso o uniforme nos moldes básicos do que encontramos até hoje: camisa amarelo-canário e bermuda azul. Logicamente, a cor determinou o apelido que a equipe carrega carinhosamente até os dias de hoje.

[...]

(Disponível em: https://www.em.com.br/app/noticia/empresas/2022/11/28/interna-empresas,1426591/conheca-a-historia-de-mais-de-100-anos-da-selecao-brasileira-de-futebol.shtml. Acesso em: 9/3/2023.)

a) Segundo o texto, como era o uniforme da seleção originalmente? E de que forma foi escolhido o uniforme que conhecemos hoje?

b) Complete as frases a seguir com os adjetivos compostos empregados no texto, fazendo as alterações de gênero e número necessárias:

- Desde o título de 1919, a seleção brasileira já ganhou diversos outros campeonatos ______________________.
- Em 1919 a seleção brasileira foi consagrada campeã na final ______________________.
- Após o concurso, a seleção passou a entrar em campo com as onze camisetas ______________________.

2. Complete os trechos dos textos a seguir, flexionando os adjetivos compostos que estão entre parênteses.

Linguistas debatem a origem das línguas ______________________ (indo-europeu)

(Disponível em: https://m.folha.uol.com.br/ciencia/2015/03/1599280-linguistas-debatem-a-origem-das-linguas-indo-europeias.shtml. Acesso em: 9/3/2023.)

Prefeito se reúne com representantes de entidades ______________________ (nipo-brasileiro)

(Disponível em: https://www.suzano.sp.gov.br/web/prefeito-se-reune-com-representantes-de-entidades-nipo-brasileiras/. Acesso em: 9/3/2023.)

MUSEU NO RJ INAUGURA MURAL DAS LUTAS ______________________ (afro-brasileiro)

(Disponível em: https://dasartes.com.br/de-arte-a-z/museu-no-rj-inaugura-mural-das-lutas-afro-brasileiras/. Acesso em: 9/3/2023.)

3. Quais são os adjetivos pátrios compostos equivalentes às seguintes locuções adjetivas?

a) conferências **entre China e Japão** ______________________

b) relações **entre Japão e Suécia** ______________________

c) questões **entre Itália e Brasil** ______________________

d) relações **entre a Espanha e a América** ______________________

DE OLHO NA escrita

Ortoepia e prosódia

Leia o texto a seguir, de Gregório Duvivier.

Tenho muito orgulho dos espaguetes flutuantes que içamos como um toldo sobre algumas vogais

joserpizarro/Shutterstock

Tenho, ainda hoje, uma tristeza irremediável por termos perdido o trema. Não durmo tranquilo desde que linguistas sequestraram cinquenta tremas sem pensar nas consequências.

A linguiça, por preguiça, passou a soar como que enguiçada. Os pinguins hoje parecem sequelados sem seus pinguinhos. Perceba que coincide: desde 2009 temos delinquido com mais frequência. Perdoem se estou monotremático.

Torço pra que nunca tirem de nós o til — patrimônio imaterial da nossa língua. Sei que os hispânicos põem o til sobre o N, mas podem passar uma vida inteira em terra lusa sem dizer um simples não. Conseguem, no máximo, um "náo".

Os franceses tentam e sai "non", os americanos emitem um "nawm". Me enche de orgulho saber que o mais poliglota dos alemães ou o mais **empedernido** dos britânicos jamais alcançará o fonema que qualquer criança brasileira de dois anos de idade pronuncia, de boca cheia, 30 vezes por dia em sua palavra predileta: não. [...]

Me orgulho muito desses espaguetes flutuantes que içamos como um toldo sobre algumas vogais, mudando drasticamente o significado das palavras. [...]

As palavras com til têm a magia das coisas imensas, irresistíveis ou **temerárias**. Avião, feijão, paixão, revolução, dragão, coração. Basta tirar o "ão" e elas ficam banais. Perdem seus poderes. Ninguém teria medo de andar de "ávio". Não dá água na boca um caldinho de "feijo". Não são demais os perigos desta vida pra quem tem "paixa". Ninguém sai de casa pra fazer uma "revoluça". Um "drago" não cospe fogo algum. Um "vulco" não cospe lava. Imagina que tristeza ter, no fundo do peito, um "coracinho".

(Disponível em: https://www1.folha.uol.com.br/colunas/gregorioduvivier/2022/06/tenho-muito-orgulho-dos-espaguetes-flutuantes-que-icamos-como-um-toldo-sobre-algumas-vogais.shtml. Acesso em: 9/3/2023.)

empedernido: obstinado, persistente.
temerário: que contém algum risco, perigoso.

1. O autor lamenta uma mudança que ocorreu na ortografia de algumas palavras do português.

a) Que mudança é essa?

b) Troque ideias com os colegas e o professor: Por que ele menciona o ano de 2009 como um marco? Se necessário, faça uma breve pesquisa.

2. O texto começa tratando do sinal gráfico do trema.

a) Qual era a função do trema na escrita do português?

____

b) Releia em voz alta as palavras que contêm as letras **gu** e **qu** no título e nos dois primeiros parágrafos do texto e responda:

- Em quais delas o **u** é pronunciado?

____

____

- Em quais delas o **u** não é pronunciado?

____

c) Você teve alguma dificuldade para responder ao item **b**? Levante hipóteses: Por que, mesmo sem o trema, sabemos como pronunciar essas palavras?

____

____

____

____

____

____

d) Há palavras que admitem mais de uma pronúncia para uma de suas letras. Troque ideias com os colegas e o professor e indique, entre as palavras listadas a seguir, as que permitem. Se julgar necessário, faça uma breve pesquisa.

- [ ] líquido
- [ ] sanguinário
- [ ] distinguir
- [ ] maquiagem
- [ ] equilíbrio
- [ ] liquidificador

3. Observe o emprego das palavras **delinquido** e **monotremático** no segundo parágrafo do texto.

a) Qual delas corresponde a um neologismo, isto é, uma palavra nova, criada para construir um novo sentido? Deduza: A partir de quais outras palavras ela foi formada e qual é o seu sentido no contexto?

____

____

b) Qual delas foi empregada no sentido figurado, isto é, diferente do seu uso habitual? Explique o sentido habitual dessa palavra e o sentido dela no contexto.

____

____

4. O til também é citado no texto.

a) Por que, para o autor, o til pode ser considerado um "patrimônio imaterial da nossa língua"? Justifique sua resposta com base nas informações do texto.

Semmick Photo/Shutterstock

b) Deduza: Por que o autor chama o til de "espaguetes flutuantes que içamos como um toldo sobre algumas vogais"? Levante hipóteses: Que efeito essa expressão constrói no texto? Justifique sua resposta.

5. Releia este trecho:

> "Me enche de orgulho saber que o mais poliglota dos alemães ou o mais empedernido dos britânicos jamais alcançará o fonema que qualquer criança brasileira de dois anos de idade pronuncia, de boca cheia, 30 vezes por dia em sua palavra predileta: não."

a) A qual fonema especificamente ele se refere?

b) Qual é o sentido da palavra **orgulho** no contexto?

c) Considerando que o autor é pai de uma criança pequena, explique por que esse trecho apresenta ironia.

6. No último parágrafo, o autor cita uma série de palavras escritas com til.

a) Troque ideias com os colegas e o professor e deduza: Que padrão ele usa para recriar essas palavras caso elas não tivessem mais o til?

b) Uma dessas palavras foge ao padrão que o autor criou. Identifique-a e escreva-a de acordo com esse padrão.

c) Observe a terminação da palavra identificada por você no item **b**. Levante hipóteses: Que efeito essa terminação produz no contexto?

O texto que você leu constrói humor com base na forma como as palavras e algumas sequências de letras são pronunciadas em português. No Brasil, há algumas palavras cuja pronúncia pode apresentar variações; já outras têm a pronúncia indicada pela norma-padrão.

Na fonologia, campo da Linguística que estuda os fonemas, há duas partes que tratam da pronúncia das palavras: a **ortoepia** e a **prosódia**.

Conheça algumas dessas recomendações da gramática normativa sobre pronúncia, assim como a grafia correspondente:

- Não se pronuncia o **u** depois de **q** em **adquirir** e **distinguir**.
- É facultativo pronunciar o **u** nas palavras **antiquíssimo**, **liquidação**, **liquidificador**, **líquido**, **antiguidade** e **sanguinário**.
- Escreve-se **quatorze** ou **catorze**, mas pronuncia-se apenas **catorze**.
- Pronuncia-se com som aberto a vogal **o** destacada nas palavras: tij**o**los, p**o**ços, n**o**vos, **o**ssos, **o**vos.
- A letra **x** soa /ks/ nas palavras: **axila**, **flexão**, **tóxico**, **nexo**, **ônix**, **reflexo**, **sexagenário**, **sexo**, **tórax**.
- Não se intercala **e** ou **i** nos encontros consonantais das palavras: **pseudônimo**, **pneu**, **absurdo**, **advogado**, **admissão**, **psicólogo**, **recepção**.
- São pronunciadas como se escrevem as palavras: **beneficentes**, **gratuito**, **ruim**, **bueiro**, **cabeçalho**, **privilégio**, **meteorologia**, **aeroporto**.

Exercícios

A instabilidade na pronúncia de algumas palavras da língua em alguns casos pode influenciar a forma como as pessoas as escrevem. Leia os textos a seguir:

Texto 1

República estudantil deve indenizar hotel por pertubar sossego de hóspedes

(Disponível em: https://www.conjur.com.br/2022-mar-01/republica-indenizar-hotel-pertubar-sossego-hospedes. Acesso em: 9/3/2023.)

Texto 2

Aerosol ou roll-on, desodorante ou antitranspirante. Quais as diferenças?

(Disponível em: https://www.correiobraziliense.com.br/revista-do-correio/2022/08/5031369-aerosol-ou-roll-on-desodorante-ou-antitranspirante-quais-as-diferencas.html. Acesso em: 9/3/2023.)

Texto 3

Encontro anual de cães em NY

Cães participam do tradicional Westminster Kennel Club Dog Show, em Nova York; veja fotos

13.fev.2017 às 17h20 Atualizado: 13.fev.2017 às 17h18

1 / 35 Encontro anual de cães em NY

Reprodução/Folha de São Paulo/Foto: Shannon Stapleton/Reuters/Fotoarena

Rumor, que venceu competição, recebe alimento em bandeija.

(Disponível em: https://fotografia.folha.uol.com.br/galerias/49092-encontro-anual-de-caes-em-ny#foto-599972. Acesso em: 9/3/2023.)

Texto 4

Nasceram de novo... Famosos que sobreviveram a acidentes aéreos

Confira 10 celebridades que passaram por apuros depois de falhas mecânicas nos aviões

[...]

Ashton Kutcher e Demi Moore — Em 2009, o avião em que o então casal estava precisou fazer uma aterrisagem de emergência depois que um dos motores super aqueceu. Segundo a revista People, os dois não se feriram e Kutcher fez um tweet sobre o incidente: "Meu avião acabou de ter que fazer um pouso forçado. O motor super aqueceu. Caminhões de bombeiros por todo lugar. Bons tempos".

(Disponível: https://revistamonet.globo.com/Listas/noticia/2015/05/nasceram-de-novo-famosos-que-sobreviveram-acidentes-aereos.html. Acesso em: 9/3/2023.)

1. Nos quatro textos lidos, há palavras que foram escritas de forma diferente da norma ortográfica, afetadas pela maneira como são pronunciadas. Identifique essas palavras e reescreva-as conforme a norma-padrão.

____

2. Tendo em vista que há preconceito linguístico em nossa sociedade, ainda há situações nas quais a pronúncia e/ou a grafia não padrão de uma palavra são alvos de piada ou ridicularização. Também há casos em que veículos de comunicação de prestígio empregam grafias não padrão em seus textos, aparentemente por falta de uma revisão mais atenta. Discuta com os colegas e o professor e levante hipóteses:

a) Em qual desses dois casos provavelmente são enquadrados os textos lidos? Justifique sua resposta.

____

____

b) Por que em alguns casos palavras faladas ou grafadas fora do padrão são negativamente avaliadas e em outros casos não?

____

____

____

____

____

____

____

____

____

____

3. Há palavras que costumam ser pronunciadas de diferentes formas na língua portuguesa do Brasil. Grife, entre as opções abaixo, aquelas que apresentam a grafia de acordo com a norma-padrão.

a) beneficiente / beneficente
b) parteleira / prateleira
c) cabeleireiro / cabelerero
d) sobrancelhas / sombrancelhas
e) mendingo / mendigo
f) cardeneta / caderneta
g) cuspir / guspir
h) esteje / esteja
i) seje / seja
j) má-criação / mal-criação

Drazen Zigic/Shutterstock.com

4. Leia o título do texto 4 em voz alta. Depois, responda:

a) Como você pronunciou o som da letra **o** na segunda sílaba da palavra **famosos**: com som aberto (ó) ou fechado (ô)?

____

b) Se passamos a palavra **famosos** para o singular e o feminino — **famoso** e **famosa** — como fica o som da letra **o** na segunda sílaba?

____

____

c) Leia em voz alta as palavras a seguir e grife aquelas que são pronunciadas com som fechado (ô) tanto no singular quanto no plural:

pescoço – piolho – ovo – tijolo – osso – olho – repolho
retorno – rosto – povo – torto – socorro – transtorno

5. Leia em voz alta os seguintes pares de palavras, sabendo que, no plural, todas são pronunciadas com som aberto (**ó**), menos uma. Depois, assinale o par em que ocorre essa exceção.

- imposto — impostos
- fogo — fogos
- forno — fornos
- esforço — esforços
- morno — mornos
- torto — tortos
- socorro — socorros
- grosso — grossos
- corpo — corpos
- caroço — caroços
- novo — novos
- mofo — mofos

6. A grafia de palavras com a letra **x** pode corresponder a diferentes sons. Leia o título da reportagem a seguir e, se possível, acesse o vídeo para assistir a ela na íntegra.

Lago tóxico, conhecido como 'Maldivas da Sibéria', vira atração na Rússia

Alexandr Kryazhev/Sputnik/AFP

(Disponível em: https://g1.globo.com/globonews/jornal-globonews-edicao-das-10/video/lago-toxico-conhecido-como-maldivas-da-siberia-vira-atracao-na-russia-7759642.ghtml. Acesso em: 9/3/2023.)

O som da letra **x** na palavra **tóxico**, usada no título e pronunciada várias vezes na reportagem, está presente em qual sequência de palavras?

a) ☐ exame — exaltação — exímio — exato — exemplo

b) ☐ enxame — enxurrada — faxina — feixe — vexame

c) ☐ táxi — reflexo — fixar — sexagenário — fluxo

d) ☐ extraordinário — exceção — exterior — próximo — excelente

DIVIRTA-SE

(Disponível em: https://veja.abril.com.br/educacao/os-melhores-memes-dos-vestibulares-de-2014/. Acesso em: 16/3/2023.)

· CAPÍTULO ·

6

Morfossintaxe: a seleção e a combinação de palavras

Construindo o conceito

Imagine: é verão, você está de férias e vai ficar uma semana na praia. Para ajudá-lo(a) a fazer a mala, sua mãe deixou sobre sua cama sete camisetas, um par de luvas, cinco bermudas ou saias, duas calças, dois pijamas, um gorro de lã, sete calcinhas ou cuecas, um casaco de lã, dois biquínis ou sungas, dois suéteres, um agasalho de moletom, dois pares de chinelos, dois pares de sandálias, dois pares de tênis, sete pares de meia, um par de botas e um boné.

Africa Studio/Shutterstock

1. Quais dessas peças você colocaria na mala?

____

____

____

____

2. Durante a semana, quais tipos de peça você usaria para ir com a turma:

a) à praia?

b) à lanchonete?

c) a uma festa noturna?

3. Agora, observe as imagens a seguir.

I.

Gorodenkoff/Shutterstock

II.

Natalia Bostan/Shutterstock

a) As roupas usadas pelas pessoas na foto I são, em geral, usadas para ir à praia? O que justifica o uso delas nesse contexto?

b) Troque ideias com os colegas e o professor e responda: Considerando o contexto da foto II, que efeito os tênis usados pelo casal criam nessa imagem?

É possível comparar o uso da língua, escrita ou falada, com o ato de vestir-se: ao usar a língua, primeiro selecionamos as palavras (substantivos, adjetivos, pronomes, verbos, advérbios, etc.), assim como quando nos vestimos selecionamos as peças que vamos usar; em seguida, combinamos as palavras formando frases, nas quais cada uma passa a ter um papel (sujeito, predicado, objeto direto, etc.), e, quando nos vestimos, elaboramos uma composição em que cada peça de roupa tem uma função específica.

Além disso, há roupas das quais não gostamos ou com as quais não nos sentimos bem, por mais que algumas pessoas digam que deveríamos usá-las. Há, ainda, aquelas das quais não abrimos mão, porque fazem parte da nossa vida e contribuem para marcar nossa identidade como sujeitos sociais. Também é importante considerar que por vezes nos deparamos com eventos nos quais transgressões, isto é, roupas diferentes do habitual, são permitidas ou até necessárias, seja porque há espaço para isso, seja porque queremos marcar uma identidade.

E, claro, não é sempre que conseguimos analisar e escolher de forma tão consciente as roupas que vamos usar em cada situação da nossa vida, assim como não é sempre que usamos a língua de forma tão meticulosa e calculada.

Observe como se dá a seleção e a combinação das palavras na frase a seguir:

	O	casal	surpreendentemente	usou	tênis	na	elegante	festa.
Seleção	artigo	substantivo	advérbio	verbo	substantivo	preposição + artigo	adjetivo	substantivo
Combinação	sujeito		predicado					

4. A seguir há um painel de palavras que você deverá utilizar para formar frases. Primeiro selecione as palavras; depois, combine-as para formar enunciados coerentes. Se necessário, acrescente outras palavras ou faça adaptações de gênero e número.

Artigos	Substantivos	Adjetivos	Preposições	Verbos	Advérbios
o, a, os, as, um, uns, uma, umas	pessoa, indivíduo, primo, avó, fome, briga, debate, guerra, jogo	inteligente, esperto, saudável, difícil, inexplicável, desumano, técnico	de, para, entre, em, sem, com	ser, estar, brincar, ir, sentir, dizer, jogar, chamar	infelizmente, jamais, sempre, não, rapidamente, ontem, hoje

Conceituando

Ao selecionarmos palavras, nós as escolhemos, de forma menos ou mais consciente, entre os grandes grupos de palavras existentes na língua, como o dos substantivos, o dos verbos, o dos adjetivos, etc. Esses grupos são **morfológicos**. Ao combinarmos as palavras em frases, nós damos a elas um papel **sintático**.

> As palavras geralmente recebem uma dupla classificação: a **morfológica**, relacionada à classe gramatical a que pertencem, e a **sintática**, relacionada à função específica que assumem em determinada frase.

Até o capítulo anterior, você estudou as palavras do ponto de vista morfológico, ou seja, viu quais são os grandes grupos de palavras. Agora você vai iniciar o estudo das palavras do ponto de vista sintático, isto é, observando a função que elas desempenham nas frases.

Fazer a análise morfossintática de uma palavra significa, portanto, reconhecer a classe gramatical a que ela pertence e a função sintática que ela desempenha em determinada oração.

Mas o que é oração? Para ajudar na resposta a essa pergunta, leia esta tira, de Nik:

(*Gaturro 2*. Cotia: Vergara, 2008. p. 82.)

No 1º balão do 1º quadrinho, observe a frase "Olhe o novo celular que comprei!".

Nessa frase, delimitada pelo ponto de exclamação, existem duas orações, pois há nela dois verbos. Observe:

> **Olhe** o novo celular (1ª oração) que **comprei**! (2ª oração)

Já na frase "E **pode falar**?", há uma única oração, pois há uma única forma verbal, a locução verbal **pode falar**.

Assim, há frases com uma única oração e frases com duas ou mais orações. Concluímos, então:

Frase é um dos enunciados que compõem um texto e é delimitada pelo ponto.

Oração é um enunciado ou parte de um enunciado que se organiza em torno de um verbo.

Geralmente as frases apresentam ao menos um verbo. Quando isso não ocorre, dizemos que se trata de **frases nominais**, como: "Uau!", "Ei!", "Que ótimo!", "Oi, gente!", "Chuva!".

Exercícios

1. Observe novamente os quadrinhos de Nik e responda: O que o texto satiriza?

____

____

____

2. Observe o 1º balão do 2º quadrinho.

a) Quantas frases há nele? ______________________

b) E quantas orações? ______________________

3. Em relação ao último balão do texto, responda:

a) Quantas frases há nele? ______________________

b) E quantas orações? ______________________

Leia o texto a seguir para responder às questões 4 e 5:

Em artigo publicado pela revista "Anthropologie", pesquisadores italianos do Centro de Pesquisa de Antropologia Forense, Paleopatologia e Bioarqueologia estudaram três sapatos que teriam pertencido ao escultor renascentista Michelangelo, que viveu entre 1475 e 1564. A partir desse estudo, eles concluíram que Michelangelo media 1,57 metro.

Embora um homem de 1,57 metro pareça ser pequeno para os padrões atuais, essa era considerada a altura média dos homens nos séculos 15 e 16.

[...]

(Disponível em: https://www.guiadoscuriosos.com.br/cultura-e-entretenimento/arte/sapatos-revelam-qual-era-a-altura-de-michelangelo/. Acesso em: 13/3/2023.)

Photo © Fine Art Images/Bridgeman Images/Fotoarena/Museu de História da Arte em Viena, Viena, Áustria.

Casa Museo Buonarroti/Anthropologie/ Casa Buonarroti, Florença, Itália.

4. Observe o emprego de pontos, verbos e locuções verbais no texto lido.

a) Quantas frases o texto apresenta?

b) Quantas orações ele apresenta?

5. Compare as formas verbais nestas duas orações:

- "[...] **teriam pertencido** ao escultor renascentista Michelangelo [...]"
- "[...] **viveu** entre 1475 e 1564."

a) A que se refere cada uma delas no contexto?

b) Qual delas faz uma afirmação categórica, isto é, dada como verdadeira, e qual faz uma afirmação sobre a qual não se tem certeza? Justifique sua resposta com base nos sentidos do texto.

Construindo o conceito

Leia este poema:

Problema de vista?

Mais um verão passou
e eu não vi

(Noé Ribeiro. *Coisas da vida.* São Paulo: Estúdio Editores, 2017. p. 17.)

Filipe Rocha/Acervo da editora

1. De forma sintética, o poema aborda um tema fundamental para a existência humana.

a) Qual é ele?

b) Que sentidos podem ser depreendidos do verão que passa sem ser visto?

c) Por que o título cria um efeito humorístico quando relacionado com os versos do poema?

2. Observe os versos do poema. Quantas frases e quantas orações há no texto? Justifique sua resposta.

3. As orações geralmente apresentam dois elementos essenciais: um que informa de quem ou do que se fala e outro que apresenta informações sobre o ser de que se fala. O primeiro é chamado de **sujeito** e o segundo é chamado de **predicado**. Na oração "Mais um verão passou":

a) A respeito de que se fala alguma coisa?

b) Que parte dessa oração informa algo sobre esse ser?

4. O sujeito apresenta como núcleo (palavra mais significativa, mais importante) um substantivo, um pronome ou uma palavra substantivada. Já o predicado sempre apresenta verbo, que geralmente é seu núcleo. Em "Mais um verão passou":

a) Qual é o núcleo do sujeito?

b) Qual é o núcleo do predicado?

5. Reconheça o sujeito e o predicado da outra oração que integra o poema, bem como seus núcleos.

____

____

____

____

Conceituando

Sujeito e predicado

As orações geralmente apresentam dois elementos ou dois termos essenciais, o sujeito e o predicado, que, em geral, concordam entre si. Veja:

		verbo			verbo
Mais	um verão	passou	e	eu	não vi.
	sujeito	predicado		sujeito	predicado

Observe que, na 1ª oração, a forma verbal **passou** está na 3ª pessoa do singular porque o núcleo do sujeito (verão) está na mesma pessoa. E, na 2ª oração, a forma verbal **vi** está na 1ª pessoa do singular porque o sujeito (eu) está na mesma pessoa.

Se o núcleo do sujeito fosse composto (com dois ou mais núcleos) ou estivesse no plural, o verbo concordaria no plural para manter a concordância da norma-padrão. Veja:

		verbo			verbo
Mais	um verão e um outono	passaram	e	nós	não vimos.
	sujeito composto			sujeito	predicado

Enquanto o sujeito é a parte da oração que informa de quem ou de que se diz alguma coisa, o predicado é a parte que dá informações sobre o ser a que o sujeito se refere.

Assim, concluímos:

Sujeito é o termo da oração:
- que informa de quem ou de que se fala;
- com o qual o verbo geralmente concorda.

Predicado é o termo da oração que:
- geralmente apresenta um verbo;
- está em concordância com o sujeito;
- contém uma informação a respeito do sujeito.

Filipe Rocha/Acervo da editora

Morfossintaxe do sujeito

O sujeito pode ter como núcleo: um substantivo, um pronome pessoal do caso reto, um pronome demonstrativo, um pronome interrogativo ou indefinido, um numeral ou uma palavra substantivada.

Elas caminhavam todos os dias.

Caminhar faz bem à saúde.

Exercícios

Leia esta tira de Alexandre Beck:

(*Armandinho seis*. Florianópolis: A.C. Beck, 2015. p. 34.)

1. O humor da tira é construído a partir da oposição entre o que a mãe afirma a respeito de amigos e o comentário de Armandinho. Explique essa oposição.

______

______

______

______

2. Observe a forma verbal da oração do 1º quadrinho da tira.

a) Em que pessoa ela está?

______

b) Logo, qual é o sujeito da oração?

______

c) E qual é o predicado dessa oração?

______

d) A fim de perceber a inversão da oração, reescreva-a na ordem direta, isto é, sujeito + predicado.

e) Crie uma oração em que a palavra **colegas** desempenhe a função de sujeito.

3. No 2º quadrinho da tira, observe também a forma verbal.

a) Em que pessoa ela está?

b) Qual é o sujeito da oração?

c) E qual é o predicado?

4. Em relação ao 3º quadrinho da tira, reescreva a fala de Armandinho, trocando o pronome **eu** pelo pronome **nós**.

a) Que alteração ocorre na oração?

b) Conclua: Qual é o sujeito da oração original do quadrinho?

Sujeito simples, sujeito composto e sujeito desinencial

Leia esta anedota, contada por Ziraldo:

© Ziraldo Alves Pinto/Acervo do cartunista

Lá vinham o Bocão e o Junin discutindo. O Maluquinho esperou por eles e perguntou:

— Que é que vocês estão discutindo?

E o Bocão disse:

— Olha... resolve isso aqui pra nós. O que é preciso para que um soldado seja enterrado com honras militares?

E o Maluquinho explicou:

— Que ele tenha feito algum ato de bravura.

O Junin começou a pular de alegria, e o Bocão ficou triste. E disse:

— Perdi a aposta. Eu achava que só precisava *tá* morto.

(*O livro do riso do Menino Maluquinho*. 2. ed. São Paulo: Melhoramentos, 2000. p. 28.)

1. O humor da anedota é construído em torno do modo como Bocão e Junin compreenderam a expressão "ser enterrado com honras militares". Troque ideias com os colegas e responda: Como costuma ser uma cerimônia fúnebre com "honras militares"?

2. Observe a primeira frase do texto:

"Lá vinham o Bocão e o Junin discutindo."

a) Qual é o sujeito dessa oração?

b) Quais são os núcleos do sujeito?

c) Qual é o predicado?

3. Agora, observe estas orações:

- "O Maluquinho esperou por eles"
- "o Bocão disse"
- "ele tenha feito um ato de bravura"

a) Qual é o sujeito de cada uma delas? Qual é o núcleo do sujeito?

b) Faça um círculo em torno do predicado de cada uma dessas orações.

4. Em relação à oração "Perdi a aposta":

a) Em que pessoa está a forma verbal **perdi**?

b) Qual é o sujeito dessa oração?

Pelas respostas dadas às questões anteriores, você deve ter notado que:

- o sujeito pode ter um ou mais **núcleos**:

  - "O **Maluquinho** esperou por eles [...]".
  - "Lá vinham o **Bocão** e o **Junin** discutindo."

- o sujeito pode não aparecer na oração, mas ser indicado pela desinência (terminação do verbo):

  (Eu) "**Perdi** a aposta."

Quando apresenta um só núcleo, o sujeito é classificado como **sujeito simples**. Veja:

núcleo
O **Maluquinho** esperou por eles.
sujeito simples

Quando apresenta dois ou mais núcleos, o sujeito é classificado como **sujeito composto**. Veja:

núcleo núcleo
Lá vinham o **Bocão** e o **Junin** discutindo.
sujeito composto

Quando está implícito na desinência do verbo, o sujeito é classificado como **sujeito desinencial**.

(**Eu**) perdi a aposta.
sujeito desinencial

Exercícios

Leia este texto de Mário Quintana:

O poema

Uma formiguinha atravessa, em diagonal, a página ainda em branco. Mas ele, aquela noite, não escreveu nada. Para quê? Se por ali já havia passado o **frêmito** e o mistério da vida...

(*Nova antologia poética*. 11. ed. São Paulo: Globo, 2005. p. 52.)

frêmito: estremecimento, vibração que produz ligeiro ruído.

Filipe Rocha/Acervo da editora

1. A segunda frase do texto faz referência a **ele**.

a) Quem é essa pessoa? Justifique sua resposta.

b) Que fato modificou sua rotina e interferiu em seu trabalho?

2. Considerando o texto como um todo e seu título, interprete a frase final do texto: "Se por ali já havia passado o frêmito e o mistério da vida...".

3. Em relação a estas orações do texto:

- "Uma formiguinha atravessa, em diagonal, a página ainda em branco."
- "Mas ele, aquela noite, não escreveu nada."

a) Identifique o sujeito e o predicado de cada uma das orações.

b) Classifique o sujeito dessas orações.

4. Observe, agora, a última frase do texto:

"Se por ali já havia passado o frêmito e o mistério da vida..."

a) Identifique o sujeito da oração e classifique-o.

b) Observe a concordância do verbo com o sujeito. Ela está de acordo com a norma-padrão? Troque ideias com o professor e os colegas.

Leia o anúncio publicitário a seguir e responda às questões 5 a 8.

5. Um anúncio publicitário pode ter a finalidade de vender um produto ou divulgar uma ideia. Qual é a finalidade do anúncio em estudo? Justifique sua resposta com elementos verbais e não verbais do texto.

6. Observe a parte não verbal do anúncio.

a) O que as imagens retratam?

b) Explique a relação entre essas imagens e a finalidade do anúncio.

7. O texto verbal do anúncio contém duas orações.

a) O sujeito de uma dessas orações só pode ser apreendido por meio da relação entre as partes verbal e não verbal do anúncio. Explique essa afirmação, em seguida, identifique e classifique esse sujeito.

b) Identifique e classifique o sujeito da outra oração.

8. O anúncio explora o efeito de humor por meio da ambiguidade de duas expressões empregadas no texto verbal.

a) Quais são essas expressões?

b) Explique os possíveis sentidos dessas expressões no contexto.

c) Troque ideias com os colegas e o professor e levante hipóteses: Qual é a função dessa exploração de humor no anúncio?

O sujeito e o predicado NA CONSTRUÇÃO DO TEXTO

Leia estes poemas, de Lucão.

Texto 1

Rimos

Eu
E você
Não rima.
Rimos.

(Disponível em: https://www.facebook.com/photo.php?fbid=721420809347618&set=pb.100044391160759.-2207520000.&type=3&locale=pt_BR. Acesso em: 13/3/2023.)

Filipe Rocha/Acervo da editora

Texto 2

aonde
você
flor
eu voo.

(Disponível em: https://www.facebook.com/photo.php?fbid=706630954159937&set=pb.100044391160759.-2207520000.&type=3&locale=pt_BR. Acesso em: 13/3/2023.)

Filipe Rocha/Acervo da editora

1. Os dois poemas foram escritos em 1ª pessoa e dirigem-se a um(a) interlocutor(a). Identifique:

a) a(s) palavra(s) que explicita(m) a 1ª pessoa em cada um deles.

____

b) a(s) palavra(s) que explicita(m) o interlocutor em cada um deles.

____

c) Qual das palavras indicadas por você nos itens anteriores exerce a função de sujeito em um dos poemas? Justifique sua resposta.

____

2. Releia o texto 1.

a) O título do poema é constituído de uma forma verbal. Qual é o sujeito dessa forma verbal e a quem ele se refere no contexto?

____

b) Os três primeiros versos do poema constituem uma oração. Troque ideias com os colegas e o professor e levante hipóteses: Qual é o sujeito dessa oração? Justifique sua resposta considerando a conjugação da forma verbal.

____

____

____

____

____

____

____

____

c) As duas formas verbais empregadas no poema pertencem ao mesmo verbo? Justifique sua resposta.

d) O último verso é igual ao título. Considerando os versos anteriores, conclua: Qual é o efeito de sentido que o último verso constrói no contexto?

Releia o texto 2 para responder às questões 3 a 5.

3. A frase formada pelos versos do segundo poema tem sonoridade semelhante à de outra bastante comum.

a) Identifique-a e dê o seu sentido.

b) A frase que você indicou no item **a** é composta de quantas orações? Qual é o sujeito de cada uma delas?

c) Compare a frase do poema à frase indicada por você no item **a** e identifique dois trocadilhos, isto é, dois pares de palavras de sonoridade semelhante explorados poeticamente para construir os sentidos do texto.

4. A frase formada pelos versos do segundo poema tem uma forma verbal explícita.

a) Identifique-a e classifique o sujeito dela.

b) Troque ideias com os colegas e o professor e levante hipóteses: Há também, nesse poema, uma forma verbal implícita? Explique.

c) É possível considerar que a forma verbal identificada por você no item **a** tem, no poema, sentido semelhante a:

☐ fugir, dissipar-se rapidamente; ir logo embora.

☐ explodir em estilhaços; ir pelos ares.

☐ estar imediatamente presente; ir rapidamente ao encontro.

5. Considerando a análise dos dois poemas feita nas questões anteriores, conclua: Quais semelhanças e quais diferenças há entre os dois textos na relação do eu lírico com seu(sua) interlocutor(a)? Justifique sua resposta.

SEMÂNTICA E DISCURSO

Leia a tira e responda às questões de 1 a 5.

(Disponível em: http://www.willtirando.com.br/uma-pizza-inteira/. Acesso em: 13/3/2023.)

1. No primeiro quadrinho, dois personagens conversam à mesa. Relacione as partes verbal e não verbal.

a) Qual é a postura de cada personagem na cadeira? O que a postura de cada um sugere no contexto?

b) A fala do rapaz sugere um sentimento de:

☐ satisfação. ☐ tristeza. ☐ espanto.

c) Justifique sua escolha no item **b** com base no texto verbal.

____

____

d) Qual é o sujeito da frase "Como foi que nós conseguimos comer uma pizza inteira?"? A quem esse sujeito se refere no contexto da tira?

____

2. No 2º quadrinho, a fala da moça é composta de duas frases.

a) Reescreva-a, explicitando os termos omitidos na segunda frase.

____

b) Identifique e classifique o sujeito de cada uma das frases escritas por você no item **a**.

____

3. Releia a resposta do rapaz no 3º quadrinho.

a) Ele concorda com o que a moça disse ou discorda dela? Justifique sua resposta com base no texto.

____

b) Deduza: Por que a palavra **nós** está em destaque? Dê a classificação sintática dela na frase e indique a quem ela se refere no contexto da tira.

____

____

____

4. Observe as expressões faciais dos personagens no 2º e no 3º quadrinhos.

a) Que sentimentos cada uma delas sugere?

____

____

b) Deduza: Por que, no contexto da conversa, a moça tem esse sentimento?

____

____

5. Considerando a análise feita nas questões anteriores, explique de que forma a estrutura sintática das falas dos personagens, especialmente no que diz respeito ao sujeito de cada frase, contribui para a construção do humor do texto.

Agora, leia o meme a seguir para responder às questões 6 e 7.

(Disponível em: https://pt.memedroid.com/memes/tag/medidas. Acesso em: 13/3/2023.)

6. Como todo meme, este tem seu sentido construído por meio da relação entre as linguagens verbal e não verbal. Troque ideias com os colegas e o professor e responda:

a) Ao ler apenas a parte verbal, que sentido a frase compõe? Qual é, nesse caso, o sujeito da frase?

b) Qual passa a ser o sujeito da frase quando relacionamos as partes verbal e não verbal do meme? Justifique sua resposta.

c) Tendo em vista sua resposta ao item **a**, é possível considerar que há, entre as partes verbal e não verbal do meme, uma relação de:

- [ ] negação.
- [ ] contraste.
- [ ] reforço.

7. A sequência **sujeito + predicado** é apontada pela gramática normativa como a ordem direta das orações em português. Contudo, nem sempre o sujeito precede o verbo. Nesses casos, seria possível identificar o sujeito observando a concordância do verbo com o sujeito.

a) Tal princípio é válido para a frase do meme?

____

____

b) Como fazer para identificar o sujeito nesse caso?

____

____

____

____

____

____

8. Leia esta outra construção:

Ama o pai o filho.

Sem usar a inversão ou a pontuação, de que forma podemos indicar que:

a) o pai é o agente da ação?

____

b) o filho é o agente da ação?

____

____

____

PARA ESCREVER COM adequação

A concordância do verbo com o sujeito

Você aprendeu que o verbo concorda com o sujeito em número e pessoa. Agora, vamos ampliar nossos conhecimentos sobre a concordância verbal.

Leia a tira a seguir.

(Disponível em: http://bichinhosdejardim.com/wp-content/uploads/2021/06/bdj-210528-web.jpg. Acesso em: 14/3/2023.)

1. No 1º quadrinho, o personagem Tuta se mostra preocupado.

a) Por que ele está preocupado?

____

____

b) Que elementos não verbais contribuem para marcar essa preocupação?

____

____

c) A minhoca Mauro tem uma explicação para a pergunta de Tuta. Qual é a explicação?

____

____

2. Após a resposta de Mauro, Tuta dá uma sugestão.

a) Quem pode resolver o problema, segundo ele?

____

b) O que a expressão de Mauro no último quadrinho revela sobre a ideia de Tuta?

____

c) Cite elementos verbais e não verbais da tirinha que indicam que Tuta é uma criança.

____

____

____

____

3. Nas orações "Tá tudo branco", "O mundo descoloriu", "Tenho certeza" e "Minha professora resolve":

a) Em que pessoa estão as formas verbais?

b) Qual é o sujeito de cada uma delas?

4. Releia a fala de Mauro no 2º quadrinho.

a) Em qual pessoa está a forma verbal empregada?

b) Identifique o sujeito dessa oração.

© Clara Gomes/Bichinhos de Jardim

Ao responder às questões anteriores, você observou que nas orações examinadas o verbo concorda com o sujeito em número e pessoa. Esse é o princípio geral da concordância verbal na norma-padrão, utilizada pelos falantes de variedades urbanas de prestígio, especialmente em situações mais monitoradas.

Agora, vamos conhecer outros casos de concordância verbal segundo a norma-padrão.

Concordância do verbo com o sujeito simples

- Quando o sujeito é representado por um substantivo coletivo, o verbo fica no singular:

A criançada **precisava** da ajuda da professora.
(sujeito: A criançada)

- Quando o sujeito é representado por nomes próprios de lugares ou títulos de obras precedidos de artigo no plural, o verbo fica no plural:

Os Estados Unidos **elegeram** seu novo presidente.
(sujeito: Os Estados Unidos)

Os sertões **contam** a história da Guerra de Canudos.
(sujeito: *Os sertões*)

Concordância do verbo com o sujeito composto

- Quando o sujeito composto vem antes do verbo, este fica no plural:

> A tristeza e a desilusão **tomaram** conta.
> (sujeito: A tristeza e a desilusão)

- Quando o sujeito composto vem depois do verbo, este concorda com o núcleo mais próximo ou com todos:

> **Tomou/tomaram** conta a tristeza e a desilusão.
> (sujeito: a tristeza e a desilusão)

Exercícios

1. Leia os textos a seguir e complete-os com os verbos indicados, empregando as formas verbais em concordância com seus respectivos sujeitos.

a) **Descubra onde ____________________ (ficar) as Ilhas Maldivas no mapa do mundo**

O país de 385 mil habitantes com cerca de 38% dos maldívios concentrados na capital, Malé, ______________ (ser) formado por 1.600 ilhas e apenas 200 ______________ (ser) habitadas. [...]

Com paisagens paradisíacas, resorts de luxo e bangalôs sobre o mar, as Maldivas ______________________ (começar) a entrar no vocabulário dos brasileiros a partir de 2019 com postagens de artistas e influenciadores digitais em suas redes sociais.

(Disponível em: https://www.campograndenews.com.br/turismo/descubra-onde-ficam-as-ilhas-maldivas-no-mapa-do-mundo. Acesso em: 14/3/2023.)

b) Seu Osvaldo ________________ (estar) pronto para mais um baile. Com o case vermelho de vinis ao lado, ele ________________ (falar) sobre a expectativa para aquela noite: "A gente ________________ (ficar) numa tensão, fica nervoso." Apesar da aparente tranquilidade, é assim desde quando tocava seus bailes nos anos 1950 e 1960 — quando deu origem, sem saber, à arte da discotecagem no Brasil. [...]

Seu Osvaldo é considerado o primeiro DJ do Brasil [...]. Ao fim do set, a plateia, já totalmente capturada por Seu Osvaldo, ____________________ (aplaudir) e ____________________ (estalar) os dedos no ar. O festival terminaria a noite com 12 mil pessoas — uma plateia que Seu Osvaldo nunca tinha encarado.

(Disponível em: https://tab.uol.com.br/noticias/redacao/2022/12/15/aos-88-o-primeiro-dj-do-brasil-toca-na-maior-pista-da-sua-vida.htm. Acesso em: 14/3/2023.)

c) Em 1990, com a promulgação do **Estatuto da Criança e do Adolescente**, crianças e adolescentes ______________________ (passar) a ser considerados pessoas. Foi preciso esse pequeno livro, com regras, direitos e deveres, para dispor a respeito de princípios básicos às crianças e adolescentes brasileiros. [...]

O estatuto ___________________ (inovar) ao trazer num conjunto de leis próprias do país os princípios aprovados na **Convenção sobre os Direitos da Criança**, aprovado e assinado pelo Brasil na ONU em 1989. [...]

Portanto, crianças e adolescentes ______________________ (passar) a ter direitos e usufruir propriamente deles, com as ressalvas necessárias ao considerá-las sujeitos em desenvolvimento.

(Disponível em: https://guiadoestudante.abril.com.br/coluna/atualidades-vestibular/entenda-como-funciona-o-estatuto-da-crianca-e-do-adolescente/. Acesso em: 14/3/2023.)

Leia o texto a seguir para responder às questões 2 a 5.

(Disponível em: https://www.mpma.mp.br/mpma-cria-campanha-para-alertar-sociedade-sobre-ofensas-em-redes-sociais/. Acesso em: 14/3/2023.)

2. O texto faz parte de uma campanha. Deduza:

a) Contra qual prática é essa campanha?

____

b) A quem ela se dirige?

____

c) Qual é o argumento central utilizado para persuadir o interlocutor a aderir à ideia divulgada?

____

____

3. Releia o enunciado inicial do texto, escrito em letras maiores.

a) Com qual ditado popular ele dialoga? Explique o sentido original do ditado, depois conclua: Que relação há entre esse ditado e o novo sentido construído pelo texto da campanha?

____

____

____

____

____

____

____

____

b) Identifique as formas verbais presentes na frase do enunciado inicial, bem como o sujeito de cada uma delas.

____

____

c) Complete as reescritas a seguir com os mesmos verbos do texto original, empregando a forma verbal de acordo com a concordância da norma-padrão.

- O que o olho não ______________________.
- O que a sociedade e o estado não ______________________.
- Os órgãos competentes ______________________ e ______________________.

4. Observe estas frases do texto à direita da imagem:

- "Cuidado com as *fake news*."
- "Verifique a fonte e confiabilidade da notícia antes de compartilhar."

a) Deduza: Qual forma verbal está subentendida na primeira frase?

____

b) Identifique o sujeito da forma verbal **verifique**.

____

c) As formas verbais analisadas nos itens **a** e **b** têm no contexto o sentido de:

- [ ] impor, exigir.
- [ ] aconselhar, orientar.
- [ ] reclamar, criticar.

5. Relacione as partes verbal e não verbal que compõem o texto.

a) O que a imagem retrata e qual é a relação dela com o sentido do texto?

____

____

b) Que efeito o fundo verde de algumas palavras e expressões cria no texto?

____

____

DIVIRTA-SE

·CAPÍTULO· 7

A predicação: transitividade verbal

Construindo o conceito

Leia o texto a seguir.

Tudo o que o Sol toca, Simba, tudo é passível de treta

Semana passada, Estela, a labradora da minha mãe, teve dez filhotes. Dez. Do dia pra noite, uma dezena de criaturinhas branquelas e meladas saíram do seu ventre e, superando as previsões mais otimistas, todas seguem vivas e saudáveis e deliciosamente fofas.

Estela passa o dia lambendo a cria, e quando um bebê tá dormindo há muito tempo ela acorda o filhote preguiçoso: "Bora mamar!".

Poderia ficar horas assistindo ao espetáculo de dez filhotinhos disputando nove tetas [...].

Tenho evitado a internet. Tudo vira uma discussão **inócua** e interminável. "Taí uma coisa **unânime**", pensei. "Filhotes de cachorro talvez sejam a última unanimidade que nos resta." Quem sabe conseguiria, com uma foto da prole mamando, unir o Brasil. Doce ilusão.

inócuo: incapaz de produzir o efeito pretendido.

unânime: em concordância geral.

[...] "Por que procriar e não adotar?", perguntou um seguidor. "São 30 milhões de animais domésticos abandonados no Brasil", dizia um ativista, emendando com a hashtag #QuemAmaCastra.

Conclusão: melhor desistir da internet. [...]

Detesto fazer coro com os que dizem que o mundo tá chato. Mas se uma cachorra já não pode ter filhotes, e se os filhotes não podem ser comemorados, vou ter que concordar: o mundo tá meio chato.

[...]

(Disponível em: https://www1.folha.uol.com.br/colunas/gregorioduvivier/2017/12/1942177-tudo-o-que-o-sol-toca-simba-tudo-e-passivel-de-treta.shtml. Acesso em: 29/3/2023.)

Cagkan Sayin/Shutterstock

1. O autor do texto narra um acontecimento e estabelece uma relação entre ele e sua visão sobre a internet e sobre o mundo. Ao falar da internet, o autor expõe uma visão inicial, a qual resolve testar naquele momento.

a) Qual é o acontecimento narrado pelo autor do texto e qual é a visão inicial dele sobre a internet?

b) Identifique a ação realizada pelo autor do texto como teste sobre sua visão da internet.

c) A conclusão do autor do texto confirma ou refuta sua visão inicial sobre a internet? Justifique sua resposta.

d) Troque ideias com os colegas e o professor e explique de que forma a visão do autor sobre a internet é relacionada com a visão dele sobre o mundo.

2. Para escrever um texto em tom informal, o narrador faz uso de algumas expressões típicas de uma conversa cotidiana.

a) Identifique, entre as opções a seguir, expressões utilizadas com esse fim.

- [ ] "semana passada"
- [ ] "o mundo tá chato"
- [ ] "um bebê tá dormindo"
- [ ] "superando as previsões"
- [ ] "melhor desistir"
- [ ] "Tenho evitado"
- [ ] "do dia pra noite"
- [ ] "não podem ser comemorados"
- [ ] "Bora mamar!"

b) Justifique suas escolhas no item **a**.

3. Ao contar uma pequena história, ao descrever um acontecimento ou ao nos posicionarmos sobre determinada situação, utilizamos verbos para nos expressar. Responda, empregando verbos dos dois primeiros parágrafos do texto:

New Africa/Shutterstock

a) O que Estela, a cachorra, fez na semana anterior à escrita do texto?

____

b) O que os filhotinhos fizeram nessa mesma semana?

____

c) Como os filhotes estavam, segundo o autor do texto?

____

d) O que Estela tem feito desde esse acontecimento?

____

e) E os filhotes? O que têm feito?

____

f) E o autor do texto?

____

____

Conceituando

Observe e compare o emprego dos verbos nestas três orações:

- Estela **teve** dez filhotes.
- Criaturinhas branquelas e meladas **saíram** do seu ventre.
- Tudo **vira** uma discussão inócua e interminável.

Veja que, na 1ª e na 2ª oração, o predicado informa a **ação** que os personagens praticaram: Estela **teve** dez filhotes e as criaturinhas **saíram** de seu ventre. Já na 3ª oração, o predicado indica **características** ou **estados** do que acontece na internet. Os verbos que indicam ação e fenômenos meteorológicos (choveu/amanhecia) são chamados de **verbos significativos** ou **nocionais**. Os verbos que ligam o sujeito a suas características, estados ou qualidades são chamados de **verbos de ligação**. Um mesmo verbo pode ser significativo ou de ligação, dependendo do seu sentido no contexto.

Verbo de ligação e predicativo do sujeito

Veja estas orações:

- Filhotes de cachorro talvez **sejam** a última unanimidade.
- O mundo **(es)tá** chato.
- Tudo **vira** uma discussão inócua e interminável.

Observe que os verbos não expressam ações do sujeito. Eles simplesmente unem o sujeito ao seu estado ou a suas características; por isso, são chamados **verbos de estado**, **verbos predicativos** ou **verbos de ligação**.

Verbo de ligação é aquele que une o sujeito aos seus atributos (estado, qualidade, características).

Nas orações com verbo de ligação, o núcleo do predicado não é o verbo, mas, sim, o predicativo do sujeito. Assim, nas orações do texto lidas no início desta seção, vemos que estados e características (**vivas**, **saudáveis**, **fofas**, **chato**, **uma discussão inócua e interminável**) são atribuídos aos seres que constituem o **sujeito** de cada oração (**todas** [as crias], **o mundo**, **tudo** [na internet]). A esses atributos chamamos **predicativos do sujeito**. E a ligação entre o sujeito e o predicativo é feita por verbos de ligação.

Veja a análise de um dos exemplos do texto com essa construção:

"Filhotes de cachorro talvez	sejam	a última unanimidade"
sujeito	verbo de ligação	predicativo do sujeito

Verbo de ligação em elipse

Nas conversas do dia a dia e na linguagem publicitária, é comum o verbo de ligação ficar elíptico, ou seja, subentendido. No anúncio abaixo, de uma campanha do Ministério Público Federal (MPF), houve omissão do verbo **está**. Com ele, teríamos: "MPF está em defesa da sociedade". Com a omissão do verbo, o enunciado fica mais econômico e direto.

Reprodução/Ministério Público Federal - MPF

(Disponível em: https://www.mpf.mp.br/pgr/noticias-pgr/campanha-publicitaria-apresenta-atuacao-mpf-em-defesa-da-sociedade. Acesso em: 29/3/2023.)

Morfossintaxe do predicativo do sujeito

O predicativo do sujeito pode ser representado por:

- um substantivo ou uma palavra substantivada:

O coração da cidadezinha é a **praça**.

- um adjetivo ou locução adjetiva:

Ele permanecia **agachado**, de cócoras.

- uma oração:

Minha maior mágoa é **que você não me vê**.

- um pronome:

O amor da minha vida é **ela**.

- um numeral:

Éramos **seis**.

Luciana Nobre Deliza/Shutterstock

> Praça em São Luiz do Paraitinga, São Paulo.

Exercícios

1. Complete adequadamente as orações abaixo com um dos seguintes verbos de ligação.

ser	estar	ficar	tornar-se
permanecer	parecer	virar	continuar

a) Aquela estrada ______________________ sem fim.

b) Mariana ______________________ calada durante toda a aula.

c) A partir daquele dia, o menino ______________________ homem.

d) Apesar de já ter sido medicada, a criança ______________________ febril.

e) Seus cabelos ______________________ chocantes com essa cor alaranjada.

Leia esta tira e responda às questões 2 e 3.

(Disponível em: https://bichinhosdejardim.com/proatividade-perigosa/. Acesso em: 29/3/2023.)

2. Observe os adjetivos utilizados no 1º e no 2º quadrinho.

a) A que outro termo da tira eles se referem?

____

____

b) Levante hipóteses: O termo mencionado por você no item **a** é utilizado para descrever pessoas que realizam que tipo de ação?

____

____

____

3. Em toda a fala da Joaninha há apenas uma forma verbal.

a) Identifique-a e classifique-a quanto a sua transitividade.

____

b) Escreva uma nova frase com os termos da oração invertidos, colocando a expressão "Os idiotas unidos online" como sujeito e utilizando o mesmo verbo e os mesmos adjetivos empregados por Joaninha em sua fala.

____

____

____

c) Conclua: Qual é a função sintática dos termos utilizados por você na frase construída no item **b**?

____

____

Leia as peças de campanha a seguir para responder às questões 4 a 7.

(Disponível em: https://m.facebook.com/cnj.oficial/photos/a.191159914290110/2554299837976094/. Acesso em: 31/3/2023.)

(Disponível em: https://twitter.com/CNJ_oficial/status/1112746443100438534. Acesso em: 31/3/2023.)

4. A campanha que divulgou as peças lidas foi realizada pelo Conselho Nacional de Justiça (CNJ), instituição pública que zela pela transparência da atuação jurídica no Brasil. Deduza qual é a principal função dessa campanha selecionando uma das opções a seguir:

- [ ] Valorizar as lendas tradicionais brasileiras.
- [ ] Alertar a população para não disseminar *fake news*.
- [ ] Divulgar os meios de comunicação oficiais do governo.

5. Relacione as partes verbal e não verbal dos dois textos.

a) Qual é o sentido universal do círculo vermelho riscado sobre a expressão *fake news*? Que sentido é construído por essa imagem no contexto?

____

____

____

b) Com quais palavras dos quadros, que aparecem à direita da peça, os desenhos estão diretamente relacionados? Explique.

____

____

____

c) Quais novos sentidos as palavras identificadas por você no item **b** ganham nos textos?

____

____

6. Nos dois textos foram empregados três verbos de ligação.

a) Que verbos são esses?

____

b) Deduza: Qual é o sujeito de cada um desses verbos no contexto?

____

____

____

c) Identifique os predicativos do sujeito em cada ocorrência.

____

____

7. Duas das formas verbais identificadas por você na questão 6 se relacionam diretamente e apresentam uma ideia de oposição.

a) Identifique-as e explique como se dá essa oposição no contexto.

____

____

____

b) Identifique a palavra que estabelece a relação entre essas formas verbais.

____

c) Entre as opções a seguir, a palavra identificada por você no item **b** constrói no texto a ideia de:

☐ certeza. ☐ negação. ☐ possibilidade.

Verbos significativos

Verbos intransitivos e transitivos

Releia estas orações, extraídas do texto de abertura deste capítulo:

I. "Estela, a labradora da minha mãe, **teve** dez filhotes."

II. "[...] criaturinhas branquelas e meladas **saíram** do seu ventre"

III. "[...] quando um bebê **tá dormindo**"

IV. "Bora **mamar**!"

V. "**Poderia ficar horas assistindo** ao espetáculo de dez filhotinhos disputando nove tetas [...]"

VI. "**Tenho evitado** a internet."

5 second Studio/Shutterstock

Nas orações III e IV, as formas verbais **tá dormindo** e **mamar** referem-se a ações que, no contexto, dizem respeito apenas aos sujeitos, não se estendendo a outros seres. Quando em uma oração o verbo não é acompanhado de complementos, pois a ação indicada por ele diz respeito apenas ao sujeito, não se estendendo a outros seres, consideramos que se trata de um **verbo intransitivo**.

Nas orações I e VI, as formas verbais **teve** e **tenho evitado** indicam ações praticadas pelos sujeitos (respectivamente, **Estela**; **eu**, desinencial) que recaem sobre outros elementos: **dez filhotes** e **a internet**. Da mesma forma, nas orações II e V, as formas verbais **saíram** e **poderia ficar assistindo** indicam ações dos sujeitos (respectivamente, **criaturinhas**; **eu**, desinencial) que recaem, por sua vez, sobre os elementos **do seu ventre** e **ao espetáculo**. Nessas quatro orações, os termos **dez filhotes**, **internet**, **do seu ventre** e **ao espetáculo** complementam e contribuem para especificar os sentidos dos verbos, tornando mais precisas as informações. Quando isso ocorre, isto é, quando em uma oração o verbo é acompanhado por um complemento, consideramos que se trata de um **verbo transitivo**.

Transitividade verbal é a necessidade de ter complemento apresentada por alguns verbos. A esses verbos que exigem complemento chamamos transitivos e aos que não exigem complemento chamamos intransitivos.

Ao comparar as orações I, II, V e VI, você vai perceber que em todas elas os verbos são transitivos, pois são acompanhados de complementos.

Entretanto, nas orações I e VI os complementos se ligam diretamente ao verbo, sem preposição. Nesse caso, consideramos que o verbo é **transitivo direto** e o seu complemento é denominado **objeto direto**.

Já nas orações II e V, os complementos se ligam aos verbos por meio das contrações de preposição e artigo **do** e **ao**. Nesse caso, quando é necessário o uso de uma preposição para ligar o verbo ao seu complemento, consideramos que o verbo é **transitivo indireto** e o seu complemento é denominado **objeto indireto**.

A predicação das locuções verbais

A predicação das locuções verbais é dada pelo verbo principal, isto é, pelo último verbo da locução. Veja:

- (Eu) **Poderia ficar assistindo** (loc. verbal; VTI) ao espetáculo (objeto indireto)
- (Eu) **Tenho evitado** (loc. verbal; VTD) a internet. (objeto direto)

- criaturinhas branquelas e meladas **saíram** (VTI) do seu ventre (objeto indireto)
- (Eu) **Poderia ficar assistindo** (loc. verbal; VTI) ao espetáculo (objeto indireto)

Assim, concluímos:

Objeto direto é o termo que se liga diretamente, isto é, sem preposição, a um verbo transitivo.

Objeto indireto é o termo que se liga indiretamente, isto é, por meio de uma preposição, a um verbo transitivo.

Há, ainda, casos em que um verbo pode estar acompanhado dos dois tipos de complemento. Nesses casos, chamamos tal verbo de **transitivo direto e indireto** ou **bitransitivo**. Observe:

- Tenho (VTDI) amor (OD) pelos animais. (OI)
- Os internautas fazem (VTDI) ofensas (OD) ao autor do texto. (OI)

Funções sintáticas dos pronomes oblíquos átonos

Os pronomes oblíquos átonos podem desempenhar as funções sintáticas de objeto direto e de objeto indireto. Os de 3ª pessoa têm funções relativamente fixas: **o(s)**, **a(s)** de objeto direto e **lhe(s)** de objeto indireto. Já os pronomes **me**, **te**, **se**, **nos** e **vos** podem ter funções de objeto direto e de objeto indireto, dependendo do verbo que complementam. Na frase abaixo, por exemplo, o pronome oblíquo átono **te** é objeto indireto do verbo **contar** e objeto direto do verbo **amar**.

Preciso **te** (OI) contar um segredo: eu **te** (OD) amo.

Morfossintaxe dos objetos

Os objetos diretos e indiretos podem ser representados por substantivos, por pronomes substantivos ou por qualquer palavra, expressão ou oração substantivada.

Meu amigo enviou **um livro de aventuras** (subst. – OD) **para mim** (pron. subst. – OI).

Lembre-se: para identificar a predicação de um verbo, é preciso observar sempre o contexto em que ele está empregado e nunca considerá-lo isoladamente.

Observe nos exemplos a seguir como o mesmo verbo pode apresentar diferentes sentidos e predicações.

- Com apenas 21 anos, Miguel **virou** (v. de ligação) engenheiro (PS).
- Esse ventilador **vira** (v. intransitivo) rápido demais.
- Miguel **virou** (v. transitivo direto) o copo de água sobre a mesa (OD).

Exercícios

Leia o texto a seguir e responda às questões 1 a 3.

Reprodução/www.grupolideronline.com.br

1. Esse texto foi publicado pelo Grupo Líder, uma organização paraense dona de diversas empresas no Brasil. Relacione as partes verbal e não verbal do texto.

a) O que representa a imagem de fundo?

b) Qual é o objetivo central desse texto?

c) A quem ele se dirige?

d) Que imagem da instituição responsável pelo texto é construída nesse contexto? Justifique sua resposta.

2. Sobre o texto verbal central:

a) Levante hipóteses: A quem se refere o pronome **nosso** na expressão **nosso estado**? Justifique sua resposta.

b) A qual termo da primeira frase se refere a palavra **uma**?

c) Que sentido é construído pelo texto ao afirmar que a Amazônia corre o risco de "virar mais uma"?

3. O texto verbal central é constituído de duas frases com verbos e o texto inferior de duas frases nominais.

a) Identifique os verbos do texto central e explique o sentido de cada um deles no contexto. Se julgar necessário, consulte um dicionário.

b) Classifique os verbos apontados por você no item **a** quanto à transitividade, indicando quais são seus respectivos complementos.

c) Reescreva as duas frases nominais do anúncio, mantendo seu sentido e transformando-a em uma única frase verbal. Faça as adaptações que forem necessárias.

- com um verbo de ligação
- com um verbo transitivo direto
- com um verbo transitivo indireto

Leia os quadrinhos a seguir e responda às questões 4 a 6.

(Disponível em: http://www.juniao.com.br/wp-content/uploads/2014/03/Tira_Dona_Isaura_00111_juniao_06_agosto_2014_72.jpg. Acesso em: 29/3/2023.)

4. No primeiro quadrinho, Dona Isaura está contando uma história a sua neta.

a) Que tipo de história é essa e qual parte dela é citada nesse quadrinho? Justifique sua resposta com elementos do texto.

b) Identifique os verbos utilizados para descrever as ações do príncipe, bem como seus complementos. Em seguida, dê a classificação dos verbos quanto à transitividade.

c) Qual é o sujeito das formas verbais **casam**, **vão morar** e **são**?

d) Dê a classificação dos verbos do item **c** quanto à predicação.

e) Conclua: A utilização desses verbos e complementos contribui para definir quais perfis para os personagens citados por Dona Isaura?

5. Agora, observe a reação da menina no segundo quadrinho.

a) Levante hipóteses: Por que ela não gostou do final da história?

Junião/Acervo do cartunista

b) Identifique e classifique quanto à transitividade as formas verbais utilizadas na fala da menina, bem como seus complementos.

c) Qual é a reação da avó à fala da neta? Conclua por que a avó age dessa forma.

6. Troque ideias com os colegas e o professor:

a) Ao reescrever a história, a menina manteria os perfis dos personagens?

b) Utilizando cinco formas verbais, recrie o final da história de forma que esteja mais de acordo com o gosto da neta de Dona Isaura.

Os complementos verbais NA CONSTRUÇÃO DO TEXTO

Leia o texto a seguir.

Autorizada a utilização da Campanha Conecte-se ao que importa do DEDICA da Associação dos Amigos do Hospital de Clínicas/Desenvolvido pela TIF Comunicação.

(Disponível em: https://crianca.mppr.mp.br/arquivos/Image/noticias/hc_dedica/programa_dedica_facebook02_2016.jpg. Acesso: 29/3/2023.)

1. O texto em estudo faz parte de uma campanha.

a) Quais instituições divulgam a campanha e qual é a relação delas com o tema?

___

___

___

b) A quem ele se dirige? Justifique sua resposta com trechos do texto.

___

___

c) Relacione os textos verbal e não verbal e conclua: Quem são as pessoas retratadas nos desenhos da parte inferior e o que elas estão fazendo?

___

2. Observe o desenho da letra utilizado no texto e levante hipóteses: A que tipo de escrita ele remete e que sentido esse formato constrói no contexto da campanha?

___

___

___

3. Sobre a frase "Seu filho passa muito tempo na frente da TV?":

a) Levante hipóteses: No contexto da campanha, a pergunta inicial pode ser lida como:

- [ ] uma dúvida do responsável pela campanha que só pode ser respondida pelos pais.
- [ ] um questionamento feito aos filhos a fim de que eles repensem seu comportamento.
- [ ] a reprodução de uma reclamação comum de pais sobre o comportamento dos filhos.

b) Deduza: Nesse contexto, a ação de "passar muito tempo na frente da TV" é vista de forma positiva ou negativa na campanha? Justifique sua resposta.

____

____

c) O que a expressão "Pois é" sugere a respeito da pergunta feita anteriormente?

____

____

d) Explique por que a última frase do trecho em azul quebra a expectativa do leitor e qual é o efeito dessa quebra de expectativa no contexto.

____

____

____

____

____

4. Releia o texto verbal em laranja e responda às perguntas.

a) A forma verbal **conecte-se** tem um efeito ambíguo nesse texto. Explique quais são os sentidos possíveis e qual prevalece na campanha.

____

____

____

b) Levante hipóteses: Quais seriam as coisas "que importam" nesse contexto?

____

____

____

5. Releia as seguintes frases do texto:

- "Seu filho passa muito tempo na frente da TV?"
- "Crianças tendem a imitar os pais."
- "Conecte-se ao que importa."

a) Identifique as formas verbais de cada uma delas e dê o sentido desses verbos no contexto. Se julgar necessário, utilize um dicionário.

____

____

____

b) Classifique essas formas verbais quanto à transitividade.

____

SEMÂNTICA E DISCURSO

Leia o anúncio a seguir e responda às questões 1 a 3.

Reprodução/ Lew'Lara\TBWA

AQUI O POODLE É O ANIMAL EXÓTICO.

FAST PACK ACTUATE

O Timberland Fast Pack Actuate é um tênis para todas as aventuras. Seu sistema Agile 10 garante agilidade em qualquer terreno. O exclusivo sistema de amarração dá mais firmeza para os pés. E o solado B.S.F.P tem maior tração.

(Disponível em: http://www.sotitulos.com.br/wp-content/uploads/2011/01/watermark-2-php.jpeg. Acesso em: 10/3/2023.)

1. Relacione as partes verbal e não verbal do anúncio.

a) Quem é o anunciante e qual é o produto anunciado?

b) O que é retratado na fotografia superior?

c) A quem o anúncio se dirige?

2. Releia a frase principal do anúncio, título do quadro laranja:

"Aqui o poodle é o animal exótico."

a) A que lugar se refere o termo **aqui** nesse contexto?

b) Que tipo de animal é o *poodle*? Onde geralmente ele costuma ser encontrado?

c) Que sentido é construído com a afirmação de que nesse contexto o *poodle* é um animal exótico?

d) Conclua: Que imagem do produto esse título passa ao público do anúncio?

3. Releia o texto do quadro laranja:

> "O Timberland Fast Pack Actuate é um tênis para todas as aventuras. Seu sistema Agile IQ garante agilidade em qualquer terreno. O exclusivo sistema de amarração dá mais firmeza para os pés. E o solado B.S.F.P. tem maior tração."

a) Quais palavras desse texto estão diretamente relacionadas à imagem do produto construída pelo anúncio?

____

b) Identifique as formas verbais utilizadas no texto.

____

c) Dê a classificação desses verbos quanto à predicação e identifique os complementos de cada um deles, quando houver.

____

____

____

____

d) Conclua: Qual é a principal função desse trecho no anúncio?

- [ ] Contar a história do produto anunciado.
- [ ] Contar a história da empresa que vende o produto anunciado.
- [ ] Descrever o produto anunciado como estratégia de persuasão.
- [ ] Descrever a empresa que vende o produto anunciado.

Leia a história em quadrinhos a seguir e responda às questões 4 a 8.

(Disponível em: https://www.revistabula.com/36172-70-anos-de-peanuts-15-licoes-da-turma-do-charlie-brown-sobre-a-vida/. Acesso em: 29/3/2023.)

4. Que sentimentos as expressões faciais e as falas de Charlie Brown e de Lucy revelam em cada quadrinho? Justifique sua resposta com base em elementos verbais e não verbais da história em quadrinhos.

5. Nos dois primeiros quadrinhos, Charlie Brown fala sobre seus sentimentos para a amiga.

a) Explique, com suas palavras, que sentimentos são esses.

b) Observe o verbo **ser** empregado nas falas do personagem Charlie Brown: Em qual construção ele é vítima do tédio e em qual ele é responsável pelo tédio?

c) Conclua: Qual é a diferença de sentido entre **tedioso** e **entediado**?

6. No 3º quadrinho, ao fazer uma pergunta a Lucy, Charlie Brown troca a forma verbal **ser**, utilizada nos dois primeiros quadrinhos, por outra.

a) Identifique-a.

b) Classifique a forma verbal que você identificou no item **a** quanto à transitividade e indique a função sintática do termo que a acompanha.

c) Troque ideias com os colegas e o professor e conclua: Que diferença de sentido há entre o verbo empregado nos dois primeiros quadrinhos e o verbo empregado no terceiro quadrinho?

7. Como é comum nas histórias em quadrinhos, o último quadrinho é responsável pela construção de humor.

a) A resposta de Lucy se contrapõe à fala de Charlie Brown no 1º ou no 2º quadrinho? Justifique.

b) Explique de que forma se dá a construção de humor na história.

8. Leia estas frases:

- Lucy **é** entediada.
- Lucy **está** entediada.
- Lucy **fica** entediada.

a) Explique a diferença de sentido entre as frases, considerando as formas verbais em destaque.

b) Como você percebeu ao analisar as frases do item **a**, os verbos de ligação ou verbos de estado, às vezes, apresentam entre si diferenças semânticas sutis. Leia e compare as frases a seguir. Depois, associe cada uma ao sentido que o verbo apresenta.

☐	O verão brasileiro é luminoso.	I) aparência
☐	O verão brasileiro está luminoso.	II) mudança
☐	O verão brasileiro fica luminoso.	III) permanência
☐	O verão brasileiro continua luminoso.	IV) constância
☐	O verão brasileiro parece luminoso.	V) transitoriedade

DE OLHO NA escrita

Acentuação dos hiatos

Leia o texto a seguir.

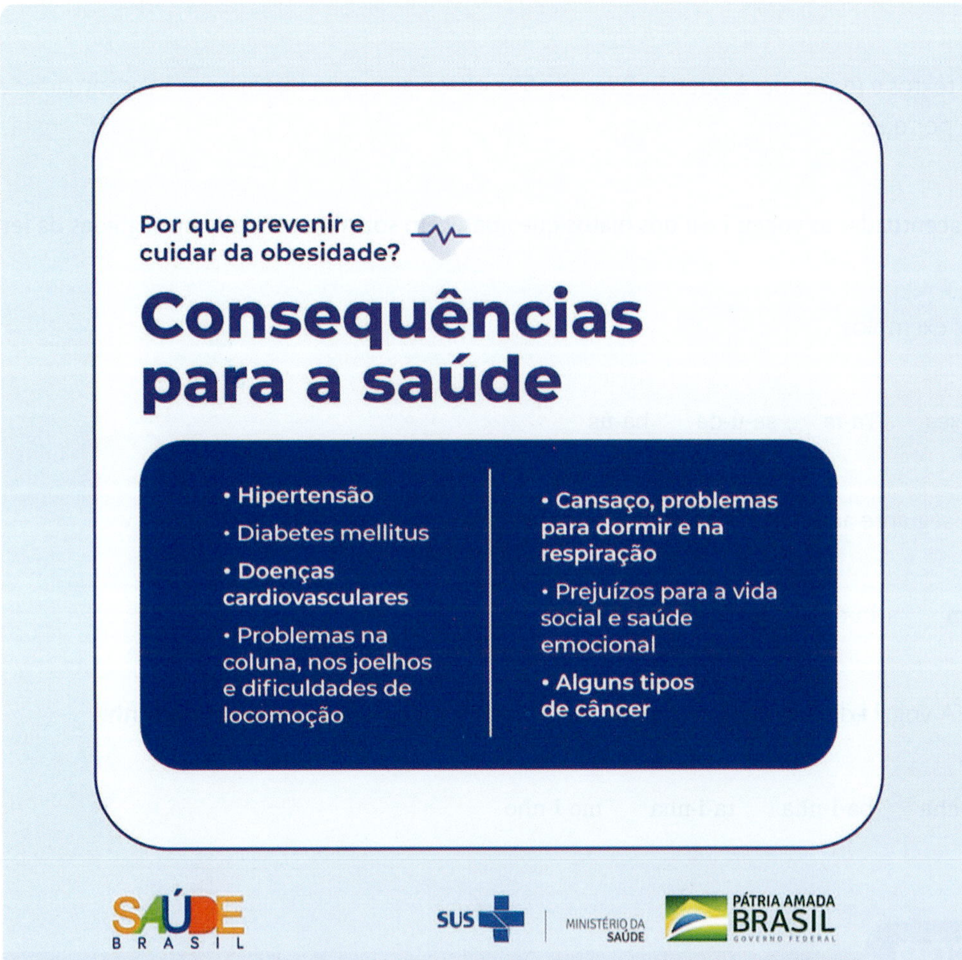

Reprodução/Governo Federal/Ministério da Saúde

(Disponível em: https://www.facebook.com/photo/?fbid=5176010019084239&set=a.690104221008197. Acesso em: 3/4/2023.)

1. O texto lido faz parte de uma campanha.

a) A quem ela se dirige e qual é seu objetivo?

____

____

b) O que representa o desenho que aparece ao lado da pergunta e qual é o sentido dele no contexto?

____

____

2. No texto, há cinco palavras que apresentam hiatos. Localize-as e responda:

a) Quais delas não são acentuadas?

____

b) Quais são acentuadas?

____

Ao ler os textos e responder à questão 2, você pôde observar que há hiatos que são acentuados e outros que não são. Veja por quê:

São acentuadas as vogais i e u dos hiatos que aparecem sozinhas na sílaba ou seguidas da letra s.

Eis alguns exemplos:

ra-**í**-zes Ta-**ís** sa-**ú**-de ba-**ús**

Se a letra seguinte ao hiato for diferente de **s**, as vogais **i** e **u** não serão acentuadas:

ru-**im** a-**in**-da dis-tri-bu-**ir** Ra-**ul**

Exceção: A vogal **i** de hiatos não é acentuada quando seguida de sílaba iniciada por **nh**:

ra-**i**-nha ba-**i**-nha ta-**i**-nha mo-**i**-nho

Atenção

Veja como ficam os casos seguintes, que podem causar dúvida.

Nas palavras paroxítonas, não é acentuado o **u** tônico que vem depois de um ditongo:

fei-**u**-ra bai-**u**-ca

As letras **i** e **u** de hiatos de palavras oxítonas, seguidas ou não de **s**, são acentuadas quando precedidas por ditongo:

Pi-au-**í** tui-ui-**ús**

As palavras paroxítonas com **i** e **u** repetidos e em sequência não são acentuadas:

xi-**i**-ta ju-**u**-na (tipo de arbusto)

Exercícios

1. Leia os cartuns a seguir e, depois, responda.

©Nani/Acervo do cartunista

(Disponível em: http://www.nanihumor.com/2016/10/saida.html. Acesso: 29/3/2023.)

a) Que palavra completa adequadamente os títulos e as placas acima das portas ilustradas nos cartuns: SAIDA ou SAÍDA? Escreva sua resposta nas lacunas das imagens.

b) Observe as expressões faciais dos personagens nos dois cartuns. Quais sentimentos elas sugerem?

c) Troque ideias com os colegas e o professor e explique de que forma o desenho associado ao texto verbal constrói o efeito de humor dos cartuns.

2. Os acentos de algumas palavras das charadas a seguir foram propositalmente eliminados. Leia as charadas, observando as palavras quanto à acentuação. Em seguida, reescreva aquelas cujo acento gráfico é necessário, acentuando-as. Depois, tente responder às charadas.

a) Sabe por que os biscoitos de agua e sal não são feitos de agua e sal?

b) De que pais é o prato do mar?

c) Quando é que a carne de boi vira ave?

d) Um gato e um cachorro cairam em um poço. Como é que eles sairam?

e) Quem é que tem aneis e não tem dedos, corre e não tem pes?

f) Qual é o cumulo do egoismo?

g) Qual é a cidade genuina?

h) Quando é que um viajante se ve em maus lençois?

O acordo ortográfico e a acentuação

Com a acordo ortográfico, que passou a vigorar no Brasil em 2009, algumas palavras, antes acentuadas, deixaram de receber o acento gráfico. Assim, não se acentuam mais:

- as paroxítonas que apresentam os ditongos abertos **ei** e **oi**: ideia, jiboia, joia.
- as paroxítonas terminadas em **oo**: voo, abençoo, zoo.
- as formas verbais paroxítonas grafadas com **ee**: leem, veem, releem, preveem.

Leia o texto a seguir e responda às questões 3 a 5.

______________________ PODE SER PREJUDICIAL À SAUDE/SAÚDE DAS CRIANÇAS/CRIÂNÇAS E ADOLESCENTES

Bplanet/Shutterstock

O café é uma bebida muito popular no Brasil e em diversos **paises/países** do mundo, e para muitas **pessoas/pessôas** o dia só "começa" depois daquele cafezinho pela manhã. **Obviamente/Obviamente**, ninguém está livre dos impactos da ______________________ no corpo, mas as **crianças/criânças** e os adolescentes estão **ainda/aínda** mais vulneráveis a esses **efeitos/efeítos**.

[...]

O **efeito/efeíto** mais conhecido da ______________________ é sua ação estimulante do sistema nervoso. Em geral, após o consumo a **pessoa/pessôa** se sente mais acordada e alerta.

O excesso de ______________________, no entanto, pode provocar aumento da frequência **cardiaca/cardíaca** e da pressão arterial, aumentar o refluxo ácido e causar ansiedade e distúrbios de sono em **crianças/criânças**.

[...]

Não existe um consenso sobre um limite seguro para o consumo de ______________________ por **crianças/criânças** e adolescentes, e alguns autores divergem sobre o assunto. Mas a **Sociedade/Socíedade** Brasileira de Pediatria (SBP) reforça que a ingestão de bebidas com a substância não traz benefícios à **saude/saúde** desse público e alerta aos **pais/país** e responsáveis que existem opções alimentares mais saudáveis para oferecer a eles.

(Disponível em: https://drauziovarella.uol.com.br/pediatria/cafeina-pode-ser-prejudicial-a-saude-das-criancas-e-adolescentes/. Acesso em: 29/3/2023.)

3. Uma palavra foi omitida do texto e outras aparecem duplicadas, com uma versão acentuada e outra sem acento.

a) Qual palavra completa adequadamente as lacunas: **cafeina** ou **cafeína**? Justifique sua resposta.

b) Nos pares de palavras duplicadas, circule as palavras escritas corretamente.

c) Um dos pares contém duas palavras escritas corretamente, porém com sentidos diferentes. Qual é esse par? Explique o sentido das duas palavras e por que ambas estão escritas corretamente.

4. Segundo o texto:

a) quais são os impactos da substância citada no organismo?

b) os efeitos dessa substância são os mesmos em indivíduos de todas as idades? Explique.

5. Dê o plural das palavras:

a) caracol ______

b) anzol ______

c) anel ______

d) farol ______

e) lençol ______

f) aluguel ______

6. Complete as frases, empregando no presente os verbos entre parênteses:

a) Estas revistas que elas ________________ ________________ reproduções de quadros famosos que seus pais também ________________. (ler — ter — ver)

b) Se eu concluí meu trabalho, por que você não ________________ o seu? (concluir)

c) Para fazer quibes fritos, a cozinheira ________________ a carne junto com o trigo e os temperos. (moer)

d) Quando fica nervoso, Paulo ________________ as unhas. (roer)

7. Em cada uma das sequências de palavras abaixo, há pelo menos uma que não deve ser acentuada. Acentue as palavras e grife as que dispensam acento.

a) juızes, jiboia, rainha, povareu, cauboi, androide, magoo

b) faısca, distraıdo, amendoim, paraıso, suıte, cafeına

c) carnauba, ciume, feiura, gaucho, conteudo, saude, miudo, berimbau

d) pinceis, voo, viuvo, gratuito, azaleia, colmeia, reu, plateia

8. Responda: Por que a palavra **Anhangabaú** tem acento e **tatu** não?

____

____

____

DIVIRTA-SE

Na sala de aula, a professora fala para Joãozinho:

— Joãozinho, cite um verbo de ligação.

Joãozinho, então, responde:

— Telefonar, professora.

(Domínio público.)

Jean Galvão/Acervo da editora

·CAPÍTULO·

8 Sujeito indeterminado – Oração sem sujeito

Construindo o conceito

Leia este texto:

Reprodução/Agência Mov/Ministério Público do Estado de São Paulo. Fotos: bluehand/Aquarius Studio/Shutterstock

(Disponível em: http://agenciamov.com.br/publicidade-com-causa/. Acesso em: 30/3/2023.)

1. A respeito da situação de produção desse texto, responda:

a) Quem é o responsável pela produção dele?

____

____

b) A quem o texto se dirige?

____

c) A que gênero o texto pertence?

____

____

d) Qual é a principal finalidade desse texto?

____

____

2. Observe a imagem que compõe o texto.

a) O que a imagem central retrata?

____

____

b) O que há de inusitado, isto é, de inesperado nessa imagem?

____

____

3. Agora, relacione o texto verbal à imagem.

a) Identifique a qual parte da imagem se relaciona o texto escrito em letras maiores e a qual parte da imagem se relaciona o texto com fundo vermelho.

____

____

____

____

b) Troque ideias com os colegas e o professor e conclua: Entre as opções a seguir, qual descreve melhor a estratégia utilizada no texto para persuadir o interlocutor?

- [ ] O texto faz uso de uma imagem inusitada a fim de chocar o interlocutor e levá-lo a perceber que ocupar a cadeira de outras pessoas no cinema é uma atitude muito desrespeitosa.
- [ ] O texto faz uso de uma imagem inusitada a fim de levar pessoas cadeirantes a se imaginarem em outra situação e perceberem que pode ser compreensível a utilização das vagas reservadas para elas.
- [ ] O texto faz uso de uma imagem inusitada a fim de colocar o interlocutor no lugar de cadeirantes que encontram as vagas reservadas para eles ocupadas por quem não tem direito a elas.

4. Observe a frase:

"Sentaram na poltrona que você reservou para ver aquele superfilme."

a) Que avaliação o texto pressupõe que o interlocutor vai fazer dessa situação hipotética? Justifique sua resposta.

____

____

____

b) Em que pessoa está a forma verbal **sentaram**?

____

c) Essa forma verbal se refere a um sujeito mencionado anteriormente? Se não, é possível identificar, pelo contexto, o sujeito da oração?

____

____

5. Agora, leia este enunciado:

Os amigos do seu irmão entraram na sala de cinema na sua frente. Sentaram na poltrona que você reservou para ver aquele superfilme.

Compare a segunda oração desse enunciado com a oração do anúncio: "Sentaram na poltrona que você reservou para ver aquele superfilme.". É possível identificar o sujeito da segunda oração do enunciado? Justifique sua resposta.

____

____

____

Conceituando

Sujeito indeterminado

No anúncio lido, o anunciante utiliza a frase "Sentaram na poltrona que você reservou para ver aquele superfilme." para colocar o interlocutor no lugar de uma pessoa cadeirante que tem seu direito à vaga preferencial desrespeitado. Nesse contexto, o enunciado foi construído a fim de não particularizar quem se sentou na cadeira; provavelmente, porque dessa forma o anunciante deixa a referência mais abrangente, possível de se encaixar em qualquer situação e, com isso, atingir um número maior de pessoas que vão se colocar no lugar de quem tem seu direito desrespeitado.

Percebemos, assim, que o anunciante empregou a forma verbal **sentaram** na 3ª pessoa do plural sem fazer referência a uma ou mais pessoas específicas. Dizemos, nesse caso, que o sujeito é **indeterminado**.

Sujeito indeterminado é aquele que não aparece expresso na oração nem pode ser identificado, ou porque não se quer ou por se desconhecer quem pratica a ação.

Agora, releia o enunciado que você analisou no estudo anterior.

> Os amigos do seu irmão entraram na sala de cinema na sua frente. Sentaram na poltrona que você reservou para ver aquele superfilme.

Nessa situação, conforme você pôde notar, o sujeito da forma verbal **sentaram** não é indeterminado, mas desinencial (eles), uma vez que se faz referência a "Os amigos do seu irmão".

Na língua portuguesa, indetermina-se o sujeito de duas formas:

- colocando-se o verbo (ou o verbo auxiliar, se houver locução verbal) na 3ª pessoa do plural:

> "Sentaram na poltrona que você reservou para ver aquele superfilme."

- empregando-se o pronome **se** com verbos intransitivos, transitivos indiretos e de ligação na **3ª pessoa do singular**:

> - **Vive-se** muito bem nas cidades do interior. (verbo intransitivo)
> - **Precisa-se** de funcionários com experiência. (verbo transitivo indireto)
> - Não **se é** feliz sem amigos. (verbo de ligação)

O pronome **se**, nesse caso, recebe o nome de **índice de indeterminação do sujeito**.

Sujeito indeterminado × sujeito desinencial

No capítulo 6, você conheceu estes tipos de sujeito:

> - **simples**: o que tem um único núcleo;
> - **composto**: o que tem dois ou mais núcleos;
> - **desinencial**: o que pode ser identificado pela pessoa verbal.

O sujeito indeterminado se distingue do desinencial pelo fato de não poder ser identificado.

Exercícios

Leia este poema:

Impunidade

Anunciam por toda a cidade:
Trago seu amor preso e amarrado.
E ninguém ainda foi indiciado.

(Noé Ribeiro. *Coisas da vida*. São Paulo: Estúdio Editores, 2017. p. 56.)

Filipe Rocha/Acervo da editora

1. O poema é construído em torno de uma mensagem que é facilmente encontrada nas grandes cidades.

   a) Identifique, no texto, a mensagem.

   ____

   ____

   b) Que tipo de serviço é oferecido?

   ____

   ____

   c) Na oração que constitui essa mensagem, qual é o sujeito? Classifique-o.

   ____

   d) Logo, de quem é a voz que diz essa mensagem?

   ____

2. O poema tem, como título, a palavra **Impunidade** e cria um campo semântico relacionado ao universo do crime ou da ilegalidade.

   a) Que outras palavras do texto contribuem para formar esse campo semântico?

   ____

   b) O verso "E ninguém ainda foi indiciado" é ambíguo. Explique os sentidos desse verso no contexto.

   ____

   ____

   ____

3. Releia o 1º e o 3º versos do poema.

a) Qual é o sujeito da oração do 1º verso?

b) E qual é o sujeito da oração do 3º verso?

4. Nas orações a seguir, o sujeito é determinado. Indetermine o sujeito dessas orações de duas maneiras: fazendo uso da partícula de indeterminação do sujeito, **se**, e da 3ª pessoa do plural.

a) Muitas empresas precisam de mão de obra qualificada.

b) Juliana me falou de você.

c) Milhares de pessoas assistiram ao filme neste fim de semana.

d) Os funcionários estão lutando por melhores salários.

e) As pessoas vivem melhor perto da praia?

Construindo o conceito

Releia a frase que está no canto esquerdo inferior do anúncio que você estudou.

Reprodução/Agência Mov/Ministério Público do Estado de São Paulo. Fotos: bluehand/Aquarius Studio/Shutterstock

1. Essa frase apresenta uma estrutura particular: ela é antecedida pelo símbolo #, que tem uma função específica no contexto da internet e das redes sociais.

a) Que função é essa?

b) Deduza: Por que as palavras foram escritas sem espaço e todas com inicial maiúscula?

2. No contexto do anúncio, é possível considerar que essa frase contém uma ambiguidade.

a) Explique essa ambiguidade e identifique os sentidos possíveis e a palavra ou expressão que a constrói.

b) Troque ideias com os colegas e o professor: Essa ambiguidade traz algum prejuízo para o texto em estudo? Justifique sua resposta.

3. Foi empregada uma única forma verbal nessa frase.

a) Identifique-a e indique em qual pessoa ela está conjugada.

b) Essa forma verbal concorda com a palavra **vagas** no contexto? Justifique sua resposta.

c) Conclua: É possível considerar que, nessa frase, **vagas** é sujeito da forma verbal que você identificou no item **a**? Por quê?

4. Considerando o contexto do anúncio em estudo:

a) Indique, entre as opções a seguir, aquela que contém o sentido do verbo identificado por você na questão **3a**:

- [ ] obter
- [ ] existir
- [ ] possuir
- [ ] experimentar

b) Reescreva a frase, substituindo a forma verbal original pela forma indicada por você no item **a**.

Conceituando

Oração sem sujeito

Ao responder às questões anteriores, você pôde constatar que, na língua portuguesa, em orações como "Não há vagas.", a declaração expressa pelo predicado não pode ser atribuída a nenhum ser. Esse tipo de oração é chamado de **oração sem sujeito**.

Oração sem sujeito é aquela em que a declaração expressa pelo predicado não é atribuída a nenhum ser.

Nessas orações, o verbo é **impessoal**.

Verbos impessoais

Como os verbos impessoais não têm sujeito, a gramática normativa determina que sejam empregados na 3ª pessoa do singular. Os principais são:

- os que indicam **fenômenos da natureza**: chover, nevar, trovejar, anoitecer, fazer (calor, frio), entardecer, etc.:

Anoiteceu cedo ontem.

- o verbo **haver** com o sentido de "existir":

Havia muitos amigos meus na festa.

- os verbos **fazer**, **haver** e **ir**, quando indicam tempo decorrido:

  - **Faz** meses que não o vejo.
  - **Há** dias espero uma resposta.
  - **Vai** para três semanas que estou na escola nova.

- os verbos **ser** e **estar**, quando indicam tempo ou estado meteorológico:

  - Já **era** dia quando voltamos para casa.
  - **Está** muito frio aqui.

Haver e existir

O verbo **haver** com o sentido de "existir" e "ocorrer" é impessoal e, por não apresentar sujeito, deve ficar na 3ª pessoa do singular, segundo a norma-padrão.

Os verbos **existir** e **ocorrer**, entretanto, são pessoais e concordam normalmente com o sujeito.

Observe:

- **Havia** duas antigas árvores na praça.
  (duas antigas árvores: objeto direto)
- **Existia** uma antiga árvore na praça.
  (uma antiga árvore: sujeito)
- **Existiam** duas antigas árvores na praça.
  (duas antigas árvores: sujeito)
- **Ocorreram** vários problemas na exposição.
  (vários problemas: sujeito)

Exercícios

Leia a notícia a seguir para responder às questões 1 a 4.

Céu noturno fica 10% mais brilhante a cada ano

Se você tem dificuldade em enxergar estrelas durante a noite, saiba que não é uma coincidência: de acordo com um estudo analítico promovido por pesquisadores do Centro Alemão de Pesquisa em Geociências, o céu visto durante a noite tem se tornado 9,6% mais brilhante a cada ano [...].

Filipe Rocha/Acervo da editora

[...]

"Em grande parte da superfície terrestre, o céu noturno não faz mais a transição completa para a luz das estrelas e da Lua após o pôr do sol. Em vez disso, o céu continua a brilhar como um crepúsculo artificial causado pela dispersão de luz na atmosfera, derivada da implantação de novas tecnologias de iluminação e novas cidades", explica o doutor em física da Universidade da Pensilvânia e autor do estudo Christopher Kyba.

O brilho no céu se dá quando a luz do solo é "refletida por nuvens e partículas de água no ar e causa um clareamento do céu em grandes áreas". O fenômeno é estudado há, pelo menos, 12 anos por Kyba.

Foi por isso que o cientista lançou, em 2011, uma iniciativa científica chamada Globe at night (Globo de noite), na qual propõe que pessoas de todo o mundo detalhem o céu noturno de diversos pontos do mundo para averiguar o impacto da poluição de luz no horizonte.

Com os dados registrados na plataforma, Kyba e os outros pesquisadores do estudo analisaram o céu noturno nos últimos nove anos. [...]

No estudo, os cientistas analisaram os dados inseridos na plataforma entre 2014 e 2022. O ano de 2014 foi escolhido como marco para o intervalo analisado por ter sido lançado um conjunto de dados obtidos por satélites terrestres que averiguou o brilho do céu naquele ano — até então, não havia dados.

[...]

(Disponível em: https://www.correiobraziliense.com.br/ciencia-e-saude/2023/01/5067498-ceu-noturno-fica-10-mais-brilhante-a-cada-ano-saiba-como-isso-afeta-a-terra.html. Acesso em: 15/3/2023.)

1. A notícia divulga resultados de uma pesquisa científica.

a) Por que, segundo o estudo citado, o céu noturno tem ficado mais brilhante?

____

____

b) Que ferramenta permitiu aos cientistas fazer esse estudo?

____

____

2. Identifique no texto:

a) O sujeito das formas verbais **detalhem** (4º parágrafo), **analisaram** (5º parágrafo) e **analisaram** (6º parágrafo) e classifique-os.

Filipe Rocha/Acervo da editora

b) O sujeito da locução verbal "foi escolhido" e classifique-o.

c) Duas orações sem sujeito.

3. As orações sem sujeito que você identificou na questão anterior contêm o mesmo verbo impessoal, porém em cada ocorrência com um sentido.

a) Qual é o sentido do verbo em cada caso?

b) Troque esse verbo impessoal pelo verbo **existir** na frase em que couber esse sentido, fazendo as adaptações necessárias, de acordo com a norma-padrão.

c) Troque o verbo impessoal pelo verbo **fazer**, na frase em que couber esse sentido, fazendo as adaptações necessárias, de acordo com a norma-padrão.

4. Na frase "o céu noturno não faz mais a transição completa para a luz das estrelas e da Lua após o pôr do sol." a forma verbal **faz** é impessoal? Justifique sua resposta, classificando a oração conforme a ausência ou a presença de sujeito.

5. Complete as orações a seguir com as formas verbais indicadas entre parênteses. Faça a concordância de acordo com a norma-padrão.

a) Já ______________ (fazer) dois anos que não nos víamos.

b) Naquela época, não ______________ (existir) tantos carros na rua, e era possível brincar nas calçadas.

c) No último verão, ______________ (fazer) dias maravilhosos!

d) Na última década, ______________ (haver) verões muito quentes.

e) Nesta avenida, já ______________ (ocorrer) vários acidentes.

f) Estamos aguardando a chamada ______________ (haver) mais de trinta minutos.

6. Em relação às frases do exercício anterior, todas são orações sem sujeito, com exceção de duas.

a) Quais são elas?

____

b) Transforme-as em orações sem sujeito, substituindo o verbo por outro, impessoal.

____

____

Leia esta tira para responder às questões 7 a 11:

(Alexandre Beck. *Armandinho seis*. Florianópolis: A. C. Beck, 2015. p. 86.)

7. No 1º quadrinho, o colega de Armandinho está falando com a mãe. Qual é o assunto da conversa?

____

____

____

____

8. O humor da tira concentra-se no 3º quadrinho, no qual são reveladas algumas informações.

a) O que se revela sobre a comunicação do menino com a mãe?

____

b) E sobre os bem-te-vis?

____

9. As tiras de Armandinho geralmente se caracterizam pelo humor crítico. Qual é a crítica da tira a respeito da relação entre os seres humanos e entre o ser humano e a natureza?

____

____

____

____

10. Identifique o sujeito da oração em cada caso.

a) "Recebi a foto de um bem-te-vi!";

____

b) "que não vemos um!";

____

c) "Manda pra mim, filho!".

____

© Armandinho, de Alexandre Beck/Acervo do cartunista

11. Observe agora a oração "Faz tempo", do 2º quadrinho.

a) A forma verbal **faz** refere-se a algum ser mencionado anteriormente?

____

b) Em situações como "Faz tempo", "Faz dias", "Fez anos", qual é o sentido do verbo **fazer**?

____

c) Como é chamado o verbo **fazer** em orações como essas? E como são classificadas gramaticalmente essas orações quanto à presença ou ausência de sujeito?

____

____

O sujeito indeterminado
NA CONSTRUÇÃO DO TEXTO

Leia a crônica a seguir, de Ruth Manus.

Por uma vida menos gourmet

Alex Tihonovs/Shutterstock

Fim de ano, correria, 14:40hs, entrei na lanchonete, pedi um cheese bacon ("ui, ela come cheese bacon, que moça indisciplinada").

O garçom me perguntou se era com cheddar, queijo prato, ementhal, brie ou queijo da serra da canastra. "Ahn... pode ser... prato". E o pão? Quer no pão de hamburger tradicional, no nosso pão exclusivo de cereais, no pão com aroma de ervas ou no pão do chef, que é torrado com manteiga de alho e coberto com chia? "Normal, moço, pão normal". Ok. Vai desejar nossa maionese especial com gengibre? Ou nosso ketchup de goiaba? Ou molho de mostarda dijon com mel de laranjeira?

Olha. Eu adoro comer bem. E acho a cozinha uma arte. Mas às vezes, só às vezes, a gente quer uma vida que não seja gourmet. Uma vidinha limitada a queijo, bacon, carne e pão — pura e simplesmente. Porque às vezes o gourmet não é bem-vindo e frequentemente o gourmet cansa.

Mas o grande problema foi que o conceito de gourmet não parou no circuito dos restaurantes. Ele se espalhou como uma praga por incontáveis setores da nossa vida. Na verdade, acho que o processo de gourmetização acabou por contaminar estabelecimentos comerciais, serviços, lares e — o pior — pessoas.

[...]

Não satisfeitos, resolveram gourmetizar as roupas. As peças ganharam nomes estranhos. Blusa de barriga de fora virou cropped. Encheram as havaianas de strass (será que ainda pode falar strass? Acho que não usava essa palavra desde 2002). Enfiaram um GPS na sola do tênis. [...]

Gourmetizaram os imóveis. [...] É tudo exclusivo, é tudo gourmet. Socorro.

Gourmetizaram a vida das crianças. O dia em que me deparei com a papinha gourmet quase tive uma síncope. Fazem versões kids de roupas de adulto. De roupas carésimas de adultos. [...]

Gourmetizaram a barba. A barba, meu Deus! Nem a barba ficou de fora! A barba foi alisada, milimetricamente aparada, colocaram bálsamo de aloe vera, silicone nas pontas, passaram a penteá-la a cada meia hora [...].

Acho que a vida é muito curta para esperarmos pegarem um maçarico para caramelizar o açúcar que está em cima do chantilly que está em cima da camada de chocolate (belga, claro) que está em cima do mocaccino gourmet feito com café exclusivo cultivado em Ruanda, provavelmente com mão de obra escrava.

E eu quero uma vida menos gourmet. [...]

Quero, talvez uma vez por mês ou a cada dois meses, uma noite gourmet. Prestar atenção nos sabores, me surpreender com a combinação de kiwi com carne de porco ou de agrião com banana nanica. Nos outros dias, quero só dias felizes. E dizem por aí que não há felicidade maior do que precisar de pouco.

(Disponível em: https://www.estadao.com.br/emais/ruth-manus/por-uma-vida-menos-gourmet/. Acesso em: 15/3/2023.)

1. A narradora começa sua crônica contando um fato que aconteceu com ela.

a) Que fato é esse?

____

____

b) Observe o emprego do sinal de aspas nos dois primeiros parágrafos e explique a função dele em cada ocorrência.

____

____

c) Releia estas falas da narradora:

- "'Ahn... pode ser... prato'."
- "'Normal, moço, pão normal'."

Deduza: Que sentidos são construídos, no contexto:

- pela presença das reticências na primeira fala?

____

____

- pela repetição na segunda fala?

____

d) Troque ideias com os colegas e o professor e levante hipóteses: Qual é a relação das construções analisadas por você no item **c** com a situação vivida pela narradora naquele momento?

____

____

2. No 3º parágrafo, a narradora começa uma reflexão sobre o episódio relatado anteriormente.

Belokoni Dmitri/Shutterstock

a) Observe como as frases são construídas e conectadas nesse parágrafo e explique como se dá a relação entre o tamanho das frases e a disposição delas no parágrafo.

b) Troque ideias com os colegas e o professor e levante hipóteses: Que efeito de sentido essa organização das frases constrói no texto?

c) A expressão "às vezes" foi empregada três vezes no parágrafo. Essa repetição é prejudicial ao texto ou é intencional? Justifique sua resposta.

d) Relacione a expressão "às vezes" à palavra **frequentemente** da última frase e explique como se dá a contraposição entre elas nesse contexto.

3. A narradora faz uma reflexão sobre o que ela chama de "processo de gourmetização".

a) Para ela, qual é "o grande problema" do *gourmet*?

____

____

b) Quais contextos ela menciona para ilustrar esse processo?

____

4. Releia o 5º parágrafo:

> "Não satisfeitos, **resolveram gourmetizar** as roupas. As peças **ganharam** nomes estranhos. Blusa de barriga de fora **virou** cropped. **Encheram** as havaianas de strass (será que ainda pode falar strass? Acho que não **usava** essa palavra desde 2002). **Enfiaram** um GPS na sola do tênis. [...]."

a) Identifique e classifique os sujeitos das formas verbais destacadas.

____

____

____

b) Observe os sentidos das formas verbais empregadas com sujeito indeterminado e conclua: Esses sentidos contribuem para enfatizar ou para amenizar as críticas feitas pela narradora ao "processo de gourmetização"? Justifique sua resposta.

____

____

____

5. Os parágrafos 6 a 9 contêm orações com sujeito indeterminado. Sublinhe no texto cada uma delas.

6. Releia este trecho da crônica:

> "Acho **que** a vida é muito curta para esperarmos pegarem um maçarico para caramelizar o açúcar **que** está em cima do chantilly **que** está em cima da camada de chocolate (belga, claro) **que** está em cima do mocaccino gourmet feito com café exclusivo cultivado em Ruanda, provavelmente com mão de obra escrava."

a) Deduza: A repetição do termo **que** nesse trecho foi um descuido e prejudica a leitura ou foi proposital, feita para construir um sentido? Justifique sua resposta.

____

____

b) Explique a ironia presente no trecho:

> "[...] mocaccino gourmet feito com café exclusivo cultivado em Ruanda, provavelmente com mão de obra escrava."

I love coffee/Shutterstock

7. Ao final da crônica, a narradora resume seu ponto de vista sobre o assunto. É possível considerar que ela despreza por completo o conceito de *gourmet*? Justifique sua resposta com um trecho do texto.

8. No final do texto, há mais uma oração com sujeito indeterminado.

a) Que oração é essa?

b) Compare esse sujeito indeterminado com as construções que você analisou no item **b** da questão 4 e conclua: Eles têm o mesmo sentido na crônica? Justifique sua resposta.

SEMÂNTICA E DISCURSO

Leia o texto a seguir para responder às questões 1 a 4.

Reprodução/ACIAC

(Disponível em: https://portalboanoticia.com.br/aciac-inicia-campanha-sobre-estacionamento-consciente/. Acesso em: 20/3/2023.)

1. O texto em estudo faz parte de uma campanha veiculada na cidade de Assis Chateaubriand, no estado do Paraná. Considerando a parte verbal, deduza:

a) A quem ele se dirige? Justifique sua resposta com trechos do texto.

____

____

b) Qual é a principal finalidade dele? Justifique sua resposta com trechos do texto.

____

____

c) Entre as opções a seguir, qual é o significado da sigla ACIAC, que representa a organização responsável pelo texto?

- [ ] Atlética da Cidade Interiorana Assis Chateaubriand
- [ ] Associação Comercial e Industrial de Assis Chateaubriand
- [ ] Agrupamento de Colégios Internos de Assis Chateaubriand

Releia a frase central do texto e responda às questões 2 a 4.

> "Se tem vaga
> tem venda."

2. Essa frase é composta de duas orações.

a) Que sinal de pontuação poderia ter sido empregado entre elas? Insira, na frase acima, esse sinal no lugar adequado. Depois, troque ideias com os colegas e o professor e levante hipóteses: Por que, no texto em estudo, esse sinal não foi utilizado?

b) Indique o sentido do verbo **ter** no contexto. Em seguida, classifique as orações que compõem a frase em estudo quanto à presença ou à ausência de sujeito.

c) Agora, reescreva essa frase colocando as palavras **vaga** e **venda** no plural e fazendo as alterações que forem necessárias. Justifique gramaticalmente a estrutura empregada na reescrita.

3. Como você viu na questão 2, o texto emprega o verbo **ter** com um sentido específico.

a) Complete as frases a seguir com os verbos indicados entre parênteses, conjugados de forma adequada.

- Se ______________ vaga, ______________ venda. (haver)
- Se ______________ vagas, ______________ vendas. (haver)
- Se ______________ vaga, ______________ venda. (existir)
- Se ______________ vagas, ______________ vendas. (existir)

b) Compare as frases do item **a** à frase do texto. Depois, troque ideias com os colegas e o professor e levante hipóteses: Quais efeitos de sentido são construídos pela escolha do verbo no texto original?

____

____

____

____

____

4. A frase estabelece uma relação entre as palavras **vaga** e **venda**.

a) Trata-se de uma relação de:

☐ oposição. ☐ condição. ☐ tempo.

b) Levante hipóteses: Por que há um traço verde embaixo da palavra **venda**?

____

____

c) Conclua: De que forma esses recursos contribuem para a persuasão do leitor do cartaz?

____

____

____

5. O sujeito desinencial é bastante empregado em nossa língua, porque torna as frases mais sintéticas e o texto mais dinâmico. Você vai ler, a seguir, dois trechos de crônicas de Antonio Prata, os quais foram propositalmente modificados e apresentam muitas repetições. Reescreva-os, suprimindo as repetições desnecessárias. Para isso, faça uso do sujeito desinencial.

a) “Que a verdade seja dita: são os livros, e não os cães, os melhores amigos do homem. Os livros não atacam o carteiro, os livros não precisam ser alimentados, vacinados, os livros não fazem xixi no pé do sofá nem se agarram, despudoradamente, na perna das visitas.”

(Livre-se. *In*: *Adulterado*. São Paulo: Moderna, 2009. p. 70.)

peaze/Shutterstock

b) “Numa aula de matemática, na 5ª série, a Marina espirrou, voou um monte de meleca na mesa dela e a classe inteira caiu na gargalhada. Até o fim do 3º colegial, Marina ainda era conhecida pelo carinhoso apelido de Marina Catarrão. Voltando de ônibus escolar, na 2ª série, Raquel teve uma dor de barriga. Raquel pediu ao motorista para que parasse num bar, para ir ao banheiro. As outras crianças não perdoaram. Um ano depois, Raquel mudou-se de escola porque não aguentava mais as ‘brincadeiras’.”

(Modelo em Milão. Idem, p. 68.)

6. O emprego do sujeito indeterminado é muito comum em situações em que o falante, por algum motivo, evita referir-se a uma pessoa específica. Por exemplo, uma mãe, quando diz a seus filhos “Sujaram o tapete novo da sala”, espera que um deles assuma o que fez. Há, a seguir, dois textos com sujeito indeterminado. Identifique a intenção do falante, em cada contexto, ao empregar esse tipo de sujeito.

a) Duas amigas conversam na escola:

— Ju, você estava na barraca do Correio do Amor na festa junina da escola, não estava?

— Sim, e vi que escreveram um recadinho para você...

— Ai, Ju, pode me contar já!! Foi ele?

— Humm, não sei, não, Carlinha... Só sei que escreveram... — responde a amiga rindo.

amasterphotographer/Shutterstock

b)

No escritório, Luís vê dois colegas tentando pegar um documento no armário de Paulo.

Quando este chega, vê que seus papéis estão revirados. Luís, percebendo a inquietação do colega, diz:

— Estavam mesmo mexendo no seu armário antes de você chegar, Paulo.

— Quem?

— Ah, estavam mexendo aí...

PARA ESCREVER COM adequação

Regência nominal

Leia este texto:

Doenças provocadas pelo consumo excessivo de sal

Tatiana Zanin

Nutricionista

O consumo de sal em excesso faz mal à saúde, podendo causar problemas nos olhos, nos rins e no coração, por exemplo.

A Organização Mundial da Saúde indica que o consumo ideal de sal por dia é de apenas 5 gramas para um adulto e alguns estudos referem que o povo brasileiro consome, em média, 12 gramas ao dia, prejudicando gravemente a saúde e aumentando as chances de parada cardíaca, cegueira e AVC.

[...]

(Disponível em: http://www.tuasaude.com/sal-em-excesso-faz-mal/. Acesso em: 1º/2/2023.)

Motortion Films/Shutterstock

1. Segundo o texto, o consumo em excesso de sal é prejudicial à saúde.

a) O que o consumo excessivo de sal causa?

____

b) O brasileiro consome sal em excesso? Explique.

____

____

____

2. Você já aprendeu que, na língua portuguesa, há verbos e nomes que, ao serem empregados em uma frase, exigem a presença de outros termos. No texto lido, qual é o termo regido:

a) pelo advérbio **mal**?

____

b) pelo verbo **prejudicar**?

____

c) pelo verbo **aumentar**?

____

d) pelo substantivo **chances**?

____

3. Releia o título: "Doenças provocadas pelo consumo excessivo de sal".

Os termos do título, a seguir, complementam um nome ou um verbo? Identifique-o.

a) **pelo consumo**

____

b) **de sal**

____

Celso Pupo/Shutterstock

4. E você e sua família, consomem muito sal na alimentação?

____

____

Ao responder às questões anteriores, você observou que há termos que, para complementar seu sentido, exigem a presença de outros termos. É o caso dos verbos **prejudicar** e **aumentar**, do advérbio **mal** e dos substantivos **chances** e **consumo**.

Quando um verbo exige a presença de um termo, ocorre a **regência verbal** e, quando um nome (substantivo, adjetivo ou advérbio) exige a presença de um termo, ocorre a **regência nominal**.

Para resolver dúvidas quanto à regência, em situações em que há necessidade de produzir textos de acordo com a norma-padrão, devemos consultar dicionários especializados em regência.

Veja a regência de alguns nomes, de acordo com a norma-padrão:

- acessível, adequado, insensível, obediente — **a**: Esse agasalho me parece **adequado ao** clima da região.
- amoroso, cuidadoso, descontente — **com**: Ana sempre foi **amorosa com** os filhos.
- ansioso, bom — **para**: Esse alimento não está **bom para** consumo.
- capaz, digno — **de**: Joana é **capaz de** fazer qualquer coisa pela mãe.
- entendido, hábil — **em**: Carlos é **entendido em** informática.
- favorável — **a** ou **para**: A decisão foi **favorável a** (ou **para**) todos.
- incapaz — **para** ou **de**:
  - Marcelo se mostrou **incapaz para** aquele serviço.
  - Ela é **incapaz de** magoar alguém.
- responsável — **por**: Com apenas dez anos, Helena já é **responsável pelos** irmãos mais novos.

Exercícios

Leia esta tira de Alexandre Beck e responda às questões 1 a 3.

(*Armandinho dez*. Florianópolis: A. C. Beck, 2018. p. 10.)

1. Na tira, há três expressões ligadas a nomes.

a) Qual é a expressão que se liga à palavra **tipos**?

____

b) Qual é o sentido da preposição que introduz essa expressão?

____

____

2. Observe o 2º e o 3º quadrinhos. Neles, é empregada a preposição **pra** (redução de **para**) para introduzir expressões ligadas ao substantivo **histórias**.

- "histórias **pra** dormir..."
- "... histórias **pra** acordar."

a) Qual é o sentido da conjunção **pra** na primeira situação?

____

b) E na segunda situação?

____

____

3. A expressão "histórias pra acordar" pode apresentar mais de um sentido. Quais são os sentidos?

____

____

____

4. Complete as frases a seguir com a preposição adequada tendo em vista as regras da norma-padrão.

a) Ela sempre foi obediente ______________ seus pais.

b) Seremos cuidadosos ______________ seus pertences.

c) Aqueles rapazes nunca foram dignos ______________ confiança.

d) Ele é um atleta muito hábil ______________ todas as modalidades esportivas.

e) Os preços das passagens aéreas tornaram-se acessíveis ______________ quase todos.

5. Leia, abaixo, um cartão-postal da Fundação SOS Mata Atlântica. Nele, as preposições foram intencionalmente suprimidas. Descubra que preposições preenchem adequadamente os espaços e escreva-as, levando em conta a regência dos verbos e dos nomes na norma-padrão da língua:

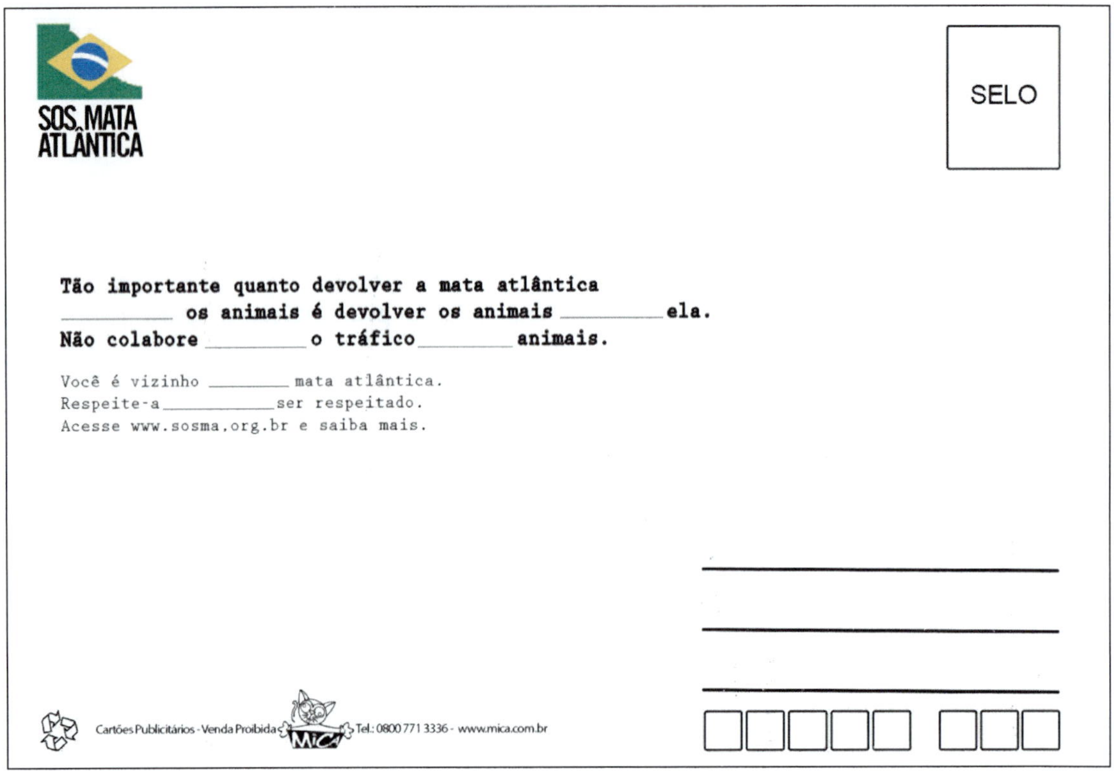
SOS MATA ATLÂNTICA

SELO

Tão importante quanto devolver a mata atlântica _______ os animais é devolver os animais _______ ela.
Não colabore _______ o tráfico _______ animais.

Você é vizinho _______ mata atlântica.
Respeite-a _________ ser respeitado.
Acesse www.sosma.org.br e saiba mais.

Cartões Publicitários - Venda Proibida MICA Tel.: 0800 771 3336 - www.mica.com.br

Reprodução/Mica/SOS Mata Atlântica

DIVIRTA-SE

Ron Leishman/Shutterstock/www.gerarmemes.com.br

CAPÍTULO 9

Adjunto adnominal

Construindo o conceito

Leia o poema a seguir.

Dois corpos distantes

Dois
Corpos
Distantes
Ocupam
O mesmo Lugar
Na saudade.

(Lucas Cândido Brandão. *Telegramas*. São Paulo: Saraiva, 2016. p. 104.)

Filipe Rocha/Acervo da editora

1. O poema dialoga com um conhecido princípio da Física. Deduza, entre as opções a seguir, qual é esse princípio.

- [ ] Dois corpos distantes não podem nunca se encontrar no mesmo lugar no espaço.
- [ ] Dois corpos distintos podem ocupar o mesmo lugar no espaço.
- [ ] Dois corpos distintos não podem ocupar simultaneamente o mesmo lugar no espaço.

2. Compare o texto do poema com o princípio indicado na questão 1.

a) Identifique quais mudanças foram feitas pelo autor do poema em relação ao princípio:

- na caracterização dos corpos:

____

- na forma verbal:

____

- na caracterização do lugar a que se refere:

b) Troque ideias com os colegas e o professor: O texto do poema contraria o princípio da Física? Justifique sua resposta.

3. Na questão anterior, você viu que o poema e o princípio da Física, ao caracterizar o lugar a que se referem, utilizam expressões diferentes.

a) Quais palavras formam cada uma dessas expressões? Dê sua classificação morfológica.

Filipe Rocha/Acervo da editora

b) Entre essas duas expressões, identifique qual é mais concreta e qual é mais abstrata, justificando sua resposta.

4. O poema é composto de uma única frase.

a) Qual é o sujeito dessa frase?

b) Qual é o predicado dessa frase?

c) Identifique e classifique a forma verbal e seus complementos.

d) Observe o título do livro no qual esse poema foi publicado e deduza: Qual é a relação entre esse título e a extensão do poema?

____

____

Conceituando

Adjunto adnominal

Releia um trecho da frase que compõe o poema estudado por você na abertura do capítulo:

núcleo		núcleo
Dois corpos distantes	ocupam	o mesmo lugar
sujeito	VTD	objeto direto

Conforme você pôde verificar, há palavras que se referem ao núcleo do sujeito e há palavras que se referem ao núcleo do objeto direto:

- **dois** é numeral e se refere a **corpos**;
- **o** é artigo e se refere a **lugar**;
- **distantes** e **mesmo** são adjetivos e se referem, respectivamente, a **corpos** e **lugar**.

Os termos da oração — sujeito, objeto direto, objeto indireto, predicativo do sujeito, etc. — sempre apresentam um núcleo, expresso por uma ou mais palavras.

Quando é um substantivo, esse núcleo pode se apresentar acompanhado por outras palavras. Essas outras palavras exercem na oração a função de **adjunto adnominal**.

Concluímos, então:

Adjunto adnominal é o termo da oração que qualifica, especifica, determina ou indetermina um substantivo (qualquer que seja a função sintática desse substantivo).

Morfossintaxe do adjunto adnominal

A função de adjunto adnominal pode ser desempenhada por adjetivos, locuções adjetivas, artigos (definidos e indefinidos), pronomes adjetivos (possessivos, demonstrativos, indefinidos, interrogativos) e numerais.

	pron. possessivo						
artigo		adjetivo			numeral	adjetivo	
O	seu	belo	corpo	ocupa	um	único	lugar.
adj. adn.	adj. adn.	adj. adn.	núcleo do sujeito	VTD	adj. adn.	adj. adn.	núcleo do OD

Exercícios

Leia a tira a seguir para responder às questões 1 a 4.

(Disponível em: https://outraspalavras.net/blog/outros-tracos-museu-dos-anos-90/. Acesso em: 10/4/2023.)

1. Relacione as partes verbal e não verbal da tira nos três quadrinhos e explique de que forma os desenhos complementam o texto verbal em cada um deles.

2. O humor da tira é construído pela relação do título *Museu dos anos 90* com o conteúdo dos quadrinhos.

a) Levante hipóteses: Que expectativa o emprego da palavra **museu** cria no leitor? Que expressão é empregada no título para definir o museu?

b) O que cada quadrinho mostra de fato?

c) Explique por que essa relação entre o título e o conteúdo constrói um efeito de humor na tira.

3. Nos quadrinhos da tira lida, são empregados diversos adjuntos adnominais. Identifique esses adjuntos adnominais e os respectivos núcleos que eles acompanham:

a) No 1º quadrinho;

b) No 2º quadrinho;

c) No 3º quadrinho;

4. O adjunto adnominal cumpre um papel decisivo na construção dos sentidos da tira, considerando as situações descritas em cada quadrinho.

a) Explique por quê.

b) Proponha reescritas para as frases dos dois primeiros quadrinhos da tira, trocando apenas os adjuntos adnominais, de forma que eles passem a descrever como é a vida atualmente.

5. Leia este texto:

Por que Frankenstein e Hulk são verdes?

Quando **a escritora** Mary Shelley publicou a história em 1818, Frankenstein era descrito com **longos cabelos escuros**, dentes muito brancos, **2,5 metros de altura** e a **pele amarelada**. Em **suas primeiras adaptações**, **a criatura sem nome** — criada pelo doutor Victor Frankenstein — aparecia em **várias cores**. [...]

Pictorial Press Ltd/Alamy/Fotoarena

Sobre a cor verde, ela foi adotada por **motivos práticos**. Nos **filmes em preto e branco**, o verde fica com uma tonalidade pálida, quase cadavérica. Isso dava ao monstro **um ar assustador** e o tornava diferente dos demais atores.

[...]

Outro monstrão que também teve sua cor verde definida por **decisões gráficas** foi o Incrível Hulk. No início, Jack Kirby e Stan Lee definiram que o Hulk teria a cor cinza para deixá-lo assustador e misterioso. E assim ele apareceu na edição número 1 de sua revista, em 1962.

Mas a gráfica não conseguia manter o cinza igual em **todas as páginas**. Por isso, os criadores decidiram usar a cor verde, que não dava problema e tinha mais destaque. A cor verde agradou tanto que **vários vilões do Homem-Aranha**, que vieram depois, também ganharam **essa mesma cor**, como Abutre, Dr. Octopus, Lagarto, Electro, Duende Verde, Escorpião.

(Disponível em: https://www.guiadoscuriosos.com.br/geek-mundo-nerd/por-que-frankenstein-e-hulk-sao-verdes/. Acesso em: 10/4/2023.)

a) Identifique os adjuntos adnominais dos termos destacados no texto. Atenção: Você deve, antes, identificar mentalmente o núcleo dos termos.

b) Segundo o texto, por que Frankenstein e Hulk são verdes?

6. Complete as frases, substituindo a oração destacada por um adjunto adnominal adequado ao contexto. Veja o exemplo:

- O menino tomou uma atitude **que surpreendeu**.
- O menino tomou uma atitude **surpreendente**.

a) Era um silêncio **que enervava**.

Era um silêncio ______

b) Leia agora os capítulos **que seguem**.

Leia agora os capítulos ______

c) Usou palavras que **ofenderam muito**.

Usou palavras muito ______

d) É uma pessoa **que agrada bastante**.

É uma pessoa bastante ______

e) Não existem valores **que não mudem**.

Não existem valores ______

f) Esse filme tem cenas **que comovem**.

Esse filme tem cenas ______

O Adjunto adnominal NA CONSTRUÇÃO DO TEXTO

Leia a tira a seguir.

© Clara Gomes/Bichinhos de Jardim

(Disponível em: http://bichinhosdejardim.com/velha-acabada/. Acesso em: 15/4/2023.)

1. Relacione as partes verbal e não verbal da tira e levante hipóteses, justificando suas respostas com elementos do texto:

a) Quem é a pessoa com quem Maria Joaninha conversa?

____

____

b) Onde as personagens se encontram?

____

____

2. Nos dois primeiros quadrinhos, Maria Joaninha emprega formas de verbos de ligação para descrever a si mesma.

a) Quais são essas formas verbais e seus respectivos sujeitos?

____

____

b) Identifique e classifique as palavras ou expressões utilizadas por Maria Joaninha para qualificar a si mesma.

____

____

____

c) Quais são os núcleos dos termos identificados por você no item **b**?

d) Como se classificam morfológica e sintaticamente os termos que acompanham o núcleo nas expressões identificadas por você no item **b**? Justifique sua resposta.

e) Troque ideias com os colegas e o professor sobre esses termos e conclua: Eles sugerem que Maria Joaninha tem uma visão positiva ou negativa de si mesma?

3. Maria Joaninha toma uma decisão no 3º quadrinho.

© Clara Gomes/Bichinhos de Jardim

a) O que o termo **isso** retoma?

b) Que expressão Maria Joaninha utiliza nesse quadrinho para definir a atitude que pretende tomar?

4. Observe a pontuação empregada em cada quadrinho da tira.

a) Quais pontos são utilizados ao final de cada um deles?

b) Deduza: O que cada um desses sinais de pontuação indica sobre a relação entre os balões de fala da personagem?

c) O uso dessa pontuação contribui para construir quais sentidos no contexto da tira em estudo?

______

______

______

______

______

5. No 4º quadrinho, Maria Joaninha expõe seu plano.

a) Qual é ele?

______

b) Identifique as palavras utilizadas por Joaninha que fazem referência aos seguintes termos:

- canal: ______
- fama: ______

c) Essas palavras acrescentam um sentido positivo ou negativo aos termos que acompanham?

______

6. É comum que o efeito de humor das tiras se construa no último quadrinho, quando muitas vezes um elemento quebra a expectativa do leitor. Tendo em vista suas respostas às questões anteriores, conclua:

a) Por que a fala de Maria Joaninha no último quadrinho quebra a expectativa do leitor?

______

______

______

______

b) Qual é a importância dos adjuntos adnominais na construção do humor dessa tirinha?

______

______

______

______

______

SEMÂNTICA E DISCURSO

Leia o texto de campanha a seguir.

Governo Federal/Comunicação Social

(Disponível em: https://separeolixo.files.wordpress.com/2011/07/cartaz_46x64vertical04.pdf. Acesso em: 30/1/2023.)

1. Observe a parte verbal do texto, abaixo da figura.

a) Quem é o responsável pela campanha divulgada?

____

____

b) A quem o texto se dirige? Justifique sua resposta.

____

____

2. Releia a frase em destaque no texto:

Governo Federal/Comunicação Social

"Plástico velho pode virar tecido novo"

a) Compare a parte não verbal com o conteúdo dessa frase e conclua: A qual expressão corresponde a imagem retratada por meio de fotografia e a qual expressão correspondem as imagens desenhadas? Justifique sua resposta.

b) Qual é o sujeito da oração que essa frase contém?

c) Classifique a forma verbal quanto à predicação e indique a função sintática do termo **tecido novo**.

d) Que palavras dessa frase têm sentidos opostos?

e) Classifique sintaticamente as palavras mencionadas por você no item **d**, justificando sua resposta.

Releia as seguintes frases, extraídas do texto abaixo da imagem, para responder às questões 3 e 4.

I. "Garrafa PET vazia tem valor líquido"
II. "Separar o lixo aumenta o material aproveitado"
III. "Você poupa recursos naturais"

3. As três frases contêm adjuntos adnominais em sua composição.

a) Identifique os termos que exercem a função de adjunto adnominal.

b) Indique a qual substantivo se refere cada um dos adjuntos identificados por você no item **a**.

c) Qual dessas frases tem adjuntos adnominais apenas no objeto direto?

d) E quais delas têm adjuntos adnominais também no sujeito?

4. Sobre a frase I:

a) Identifique nela um termo que remete a mais de um sentido no contexto. Justifique sua resposta.

b) A qual outra palavra da frase um dos sentidos desse termo se contrapõe diretamente? Justifique sua resposta.

c) Troque ideias com os colegas e o professor e explique por que o uso do termo identificado por você no item **a** contribui para construir um efeito de sentido que chama a atenção para o texto.

5. Agora observe, na parte inferior do texto, os itens enumerados na lixeira com o rótulo **úmido**.

a) Quais desses itens são acompanhados por termos especificadores?

b) Tendo em vista o contexto e o conteúdo do texto, crie termos especificadores também para os demais itens.

c) Compare as suas respostas ao item **b** com as respostas dos colegas e conclua: Por que, nesse caso, nem todos os itens apareceram com termos especificadores?

____

____

____

____

____

____

____

PARA FALAR E ESCREVER COM coesão

Os conectivos

Algumas palavras do texto de curiosidade a seguir foram propositalmente retiradas. Leia-o e depois faça o que se pede.

http://guiadoscuriosos.uol.com.br/perguntas/4/2/pergunta-curiosa.html?PHPSESSID=rv61dckcg2tsk73odn7om520d3

Por que quando escutamos nossa voz gravada ela parece diferente?

A sensação de estranheza acontece __________ __________ nosso corpo capta sons de duas maneiras diferentes: ____________________ falamos, nossa voz é captada principalmente pela vibração ____________________ o som provoca em nossos ossos. ____________________ escutamos a voz dos outros (ou nossa própria voz gravada), o som é captado predominantemente pelas vias aéreas, ou seja, o som "entra" pelas orelhas.

Aliona LUK/Shutterstock

(Disponível em: https://www.guiadoscuriosos.com.br/curiosidade_dia/por-que-quando-escutamos-nossa-voz-gravada-ela-parece-diferente/. Acesso em: 30/1/2023.)

1. Selecione do quadro a seguir as expressões que melhor preenchem cada uma das lacunas.

porque	então	porém	quando	que
e	já quando	mas	assim	por isso

2. Qual é a função das palavras ou expressões que completaram o texto?

- [ ] Ligar as orações entre si e estabelecer relação entre elas.
- [ ] Ligar palavras do texto e estabelecer relações entre elas.
- [ ] Atribuir propriedade ou qualidade ao trecho ou palavra antecedente.

3. No trecho "A sensação de estranheza acontece ___ nosso corpo capta sons de duas maneiras diferentes":

a) Que palavra relaciona a 1ª oração "A sensação de estranheza acontece" à 2ª oração "nosso corpo capta sons de duas maneiras"?

____

b) Qual é o sentido da palavra empregada e que tipo de relação é estabelecida entre as orações?

- [ ] causa
- [ ] oposição
- [ ] finalidade
- [ ] tempo

Ao realizar as atividades anteriores, você observou que as orações podem se relacionar entre si por meio de uma palavra que as liga. Essas palavras são chamadas de **conectivos**. As relações estabelecidas pelos conectivos contribuem para que um texto seja coerente e coeso, e não uma sequência de palavras ou frases sem sentido. Observe e compare:

- Nossa voz é captada principalmente pela vibração / o som provoca em nossos ossos.
- Nossa voz é captada principalmente pela vibração **que** o som provoca em nossos ossos.

Exercícios

Leia a tirinha a seguir, do personagem Armandinho, e responda às questões 1 a 4.

1. Armandinho argumenta em defesa do uso de cadeirinhas no carro.

a) Qual é o argumento usado pelo garoto?

____

____

____

b) Pela leitura dos dois primeiros quadrinhos, qual é o sentido esperado da fala de Armandinho: um argumento genérico em defesa do uso da cadeirinha ou uma fala direcionada a alguém que não a utiliza?

____

____

c) O que quebra a expectativa do leitor no 3º quadrinho e cria o efeito de humor?

____

____

____

2. Observe o 3º quadrinho e responda:

a) Que conectivo estabelece conexão entre as orações "eu não uso" e "não caibo"?

____

b) Qual é o sentido desse conectivo?

____

DE OLHO NA escrita

O acento diferencial e o emprego do hífen

O acento diferencial

Leia o texto a seguir.

Tubarão em Camburi: pode pescar e comer cação? Entenda os riscos

Popularmente chamados de cação, os tubarões são animais presentes em todo o litoral brasileiro [...].

[...]

Doutora em Oceanografia e professora da Ufes, Natalia Alves Bezerra conta que boa parte das espécies de tubarão em extinção perdeu seus habitats, sobretudo pela ocupação humana, ou foi capturada pela sobrepesca, também chamada pesca insustentável [...].

A especialista [...] explica que a espécie é mais vulnerável que outros peixes porque tem reduzida capacidade de recuperação: os tubarões crescem lentamente e têm baixa fecundidade. Assim, quando um cação é capturado, levam-se décadas até que outro se desenvolva e chegue à idade adulta, acrescenta Agnaldo Martins, professor do Departamento de Oceanografia e Ecologia da Ufes e coordenador científico do Jubarte Lab, do Projeto Amigos da Jubarte.

rannilptace/Shutterstock

> Filhotes de tubarão, também chamados de cação, foram encontrados na Praia de Camburi no domingo.

[...]

Se a pesca insustentável é um perigo para o meio ambiente, o consumo do cação pode afetar a saúde. Isso porque os tubarões, [...] pela característica de estarem no topo da cadeia alimentar, acumulam todos os metais pesados que circulam no ambiente marinho.

Agnaldo Martins lembra de artigo científico que produziu há mais de 20 anos com outros pesquisadores em que demonstraram a alta concentração de mercúrio em espécies que estavam a 500 metros de profundidade no mar. "O mercúrio não vem de um lugar específico; os oceanos já estão contaminados", conclui.

(Disponível em: https://www.agazeta.com.br/es/cotidiano/tubarao-em-camburi-pode-pescar-e-comer-cacao-entenda-os-riscos-0223#:~:text=Se%20a%20pesca%20insustent%C3%A1vel%20%C3%A9,que%20circulam%20no%20ambiente%20marinho. Acesso em: 10/4/2023.)

1. O texto comenta a pesca e o consumo de cação. Segundo o texto:

a) A qual espécie de peixe o termo **cação** se refere? Quem costuma usar esse termo?

b) Por que essa espécie é mais vulnerável à pesca?

c) Por que o consumo de cação pode afetar a saúde humana?

2. Releia este trecho do texto:

> "A especialista [...] explica que a espécie é mais vulnerável que outros peixes porque tem reduzida capacidade de recuperação: os tubarões crescem lentamente e têm baixa fecundidade."

a) Identifique, nele, duas formas verbais diferenciadas apenas pela presença de um acento gráfico.

b) Em que pessoa e em que tempo verbal está conjugada cada uma das formas verbais identificadas por você no item **a**?

c) Deduza: Qual é a função do acento circunflexo nesse caso?

3. Há, no texto, outras duas formas verbais que também, quando conjugadas em pessoa e/ou tempo diferente, se distinguem apenas pela presença de um acento gráfico.

a) Identifique-as no texto e indique-as entre as opções a seguir:

- [ ] pode
- [ ] há
- [ ] é
- [ ] vem

b) Indique quais são as formas verbais que diferem das identificadas por você no item **a** apenas pela presença de acento gráfico.

____

c) Em que pessoa e em que tempo verbal está conjugada cada uma das formas verbais identificadas por você nos itens **a** e **b**?

____

____

____

Conforme você pôde notar, a forma verbal **têm**, conjugada na 3ª pessoa do plural do presente do modo indicativo, é acentuada, diferenciando-se da forma verbal **tem**, conjugada na 3ª pessoa do singular do presente do modo indicativo. O mesmo ocorre com as formas **vêm** e **vem**. A forma verbal **pôde**, por sua vez, recebe acento quando conjugada no pretérito perfeito do modo indicativo, diferenciando-se da forma verbal **pode**, conjugada no presente do modo indicativo. Esse tipo de acento não obedece às regras de acentuação dos monossílabos, das oxítonas, das paroxítonas e das proparoxítonas. Ele é usado para diferenciar palavras que apresentam grafias e sons semelhantes e, por isso, é chamado de **acento diferencial**.

Acento diferencial é aquele cuja função é distinguir entre si as palavras que apresentariam exatamente a mesma grafia sem a presença desse acento.

Os acentos diferenciais do português são estes:

- **pode** (presente do indicativo) — **pôde** (pretérito perfeito do indicativo)
- **por** (preposição) — **pôr** (verbo)
- (ele) **tem** (singular) — (eles) **têm** (plural)
- (ele) **vem** (singular) — (eles) **vêm** (plural)
- todos os verbos derivados de **ter** e de **vir**:
- ele **detém** (singular) — eles **detêm** (plural)
- ele **intervém** (singular) — eles **intervêm** (plural)

Observação

Com o acordo ortográfico de 2009, alguns acentos que antes não existiam no português do Brasil, mas existiam no português lusitano, ou vice-versa, passaram a ser facultativos. Assim, podemos grafar:

- **viajámos/viajamos**, **beijámos/beijamos**, **falámos/falamos**, no pretérito perfeito do indicativo, mas apenas **viajamos**, **beijamos** e **falamos**, no presente do indicativo;
- **dêmos/demos**, no presente do subjuntivo, mas apenas **demos** no pretérito perfeito do indicativo;
- **fôrma/forma** (nas duas situações com **ô** fechado) para indicar recipiente ou molde, mas apenas **forma** para indicar formato, feitio ou o verbo **formar** no presente do indicativo e no imperativo.

N.Savranska/Shutterstock

Exercício

Identifique nas frases a seguir as palavras que devem receber acento diferencial.

a) Ontem o dentista não pode me atender; quem sabe, hoje ele pode.

____

b) Para por o carro na garagem mais facilmente, você deve entrar de ré.

____

c) Você tem muitas informações à disposição, mas retem poucas delas.

____

d) Você poderia me ajudar a por tudo no lugar, por favor?

____

e) No próximo domingo, vocês tem um compromisso na minha casa. Não esqueçam!

____

O emprego do hífen

Veja as principais regras para o emprego do hífen:

Emprega-se o hífen

1. nos compostos em que o segundo elemento começa por **h** ou por vogal ou consoante igual à que aparece no final do primeiro elemento: anti-infeccioso, arqui-inimigo, inter-relação, micro-onda, contra-ataque, semi-integral, ultra-apressado, anti-herói.

   Observação: Com o prefixo **co-** e **re-**, em geral, não se usa hífen, mesmo que o segundo elemento comece pela vogal **o** ou **e**: cooperação, coordenar, coexistir, reeleição, reencontro.

2. nos compostos em que os prefixos **super**, **hiper**, **inter** aparecem combinados com elementos iniciados por **r**: hiper-realista, inter-regional, super-resistente.
3. nos compostos com os prefixos **circum-** e **pan-**, quando o segundo elemento começa por vogal, **h**, **m** ou **n**: pan-americano, circum-hospitalar, circum-navegação.
4. nos compostos em que os prefixos ou falsos prefixos **além**, **ex**, **recém**, **sem** e **vice** vêm antes de qualquer letra: além-mar, ex-namorado, recém-nascido, sem-terra, sem-teto, vice-governador.
5. nos compostos em que o advérbio **bem** forma uma unidade de sentido com o segundo elemento: bem-estar, bem-humorado, bem-amado, bem-casado, bem-nascido. Exceções: bendizer, benfazejo, benfeitor.
6. nos compostos em que o advérbio **mal** vem antes de vogal **e** e de **h**: mal-estar, mal-educado, mal-entendido, mal-humorado.

7. nos compostos em que são empregados os prefixos tônicos **pós**, **pré** e **pró**: pós-graduação, pré-escolar, pró-africano.

Observação: As formas átonas se aglutinam com o elemento seguinte: pospor, preexistência, proenzima.

8. O prefixo **sub-** exige hífen somente diante de palavras iniciadas pelas consoantes **b**, **h** e **r**. Exemplos: sub-reino, subatômico, sub-humano.

Não se emprega o hífen

1. nos compostos em que o prefixo ou falso prefixo termina em **vogal** e o segundo elemento começa por **r** ou **s**, devendo essas consoantes duplicar-se: antirrevolucionário, antissocial, minirrádio, ultrassom, minirrestaurante.
2. nos compostos em que o prefixo ou falso prefixo termina em **vogal** diferente daquela que inicia o segundo elemento: autoafirmação, autoajuda, extraoficial, infraestrutura, semiaberto, semiárido, semiembriagado.
3. em certos compostos nos quais se perdeu, em certa medida, a noção de composição: girassol, madressilva, mandachuva, paraquedas, paraquedista, paraquedismo, pontapé.
4. nas locuções: cão de guarda, fim de semana, café com leite, pão de mel, sala de jantar, à vontade. São exceções aquelas locuções consagradas pelo uso: água-de-colônia, arco-da-velha, cor-de-rosa, mais-que-perfeito, pé-de-meia, deus-dará, à queima-roupa, etc.

Exercícios

Leia as tiras de Fernando Gonsales e responda às questões 1 a 3.

(*Folha de S.Paulo*, 24/8/2019.)

(*Folha de S.Paulo*, 24/8/2019.)

1. Na primeira tira, o humor é construído com base na intertextualidade da tira com o conto *Cinderela*.

a) No conto tradicional, a Fada Madrinha transforma a abóbora em quê?

____

b) Por que, no 1º quadrinho, se afirma que a Fada Madrinha não deveria ter transformado a abóbora em uma Ferrari?

____

____

2. Em relação à segunda tira:

a) Quais são os poderes psíquicos a que a tira se refere?

____

____

b) Levante hipóteses: Por que se afirma na tira que esses poderes não são bem utilizados?

____

____

____

____

3. Nas duas tiras, há o uso de palavras compostas.

a) Identifique as duas palavras.

____

b) Consulte as regras de emprego do hífen. As palavras estão escritas de acordo com as regras do acordo ortográfico? Se não, como deveriam ser grafadas?

____

____

____

____

4. Antes do acordo ortográfico, poderíamos encontrar a palavra **pára-brisa**, com acento?

____

____

5. Complete as frases com uma das formas indicadas entre parênteses.

Natalia Hirshfeld/Shutterstock

> Assim como na palavra **recém-nascido**, todos os compostos iniciados por **recém** são escritos com hífen.

a) Está na hora de eu ir para a ______________. (autoescola — auto-escola)

b) Este retrovisor é ótimo porque tem ______________. (antirreflexo — anti-reflexo)

c) Ele é ______________ da peça e também é ______________ do espetáculo. (coautor — co-autor) (codiretor — co-diretor)

d) Aproveite nossos serviços de ______________. (teleentrega — tele-entrega)

e) Eu sempre fui uma pessoa ______________. (ultrarromântica — ultra-romântica)

f) Você sabia que a ______________ está outra vez na moda? (minissaia — mini-saia)

g) Essa é uma informação ______________. Vamos aguardar a notícia oficial. (semioficial — semi-oficial)

h) A Marinha dispõe de potentes mísseis ______________. (antissubmarinos — antisubmarinos)

i) Ele trabalha como ______________ do espetáculo. (contrarregra — contra-regra)

j) A polícia está tomando várias medidas ______________. (antissequestro — anti-sequestro)

DIVIRTA-SE

© Fábio Nienow/Acervo do ilustrador

(Disponível em: https://escolapt.wordpress.com/?s=h%C3%ADfen. Acesso em: 10/4/2023.)

·CAPÍTULO· 10

Tipos de predicado

Construindo o conceito

Leia este poema, de Roseana Murray.

Transformação

Fabrico uma árvore
com uma simples semente,
terra escura e quieta,
umas gotas de água.

Pouco a pouco,
de lua em lua,
de folha em folha,
enquanto o tempo
desenha arabescos
em meu rosto,
minha árvore se transforma
em poema vivo,
suas letras são flores,
são frutos, são música.

Filipe Rocha/Acervo da editora

(*Fábrica de poesia*. São Paulo: Scipione, 2008. p. 9.)

1. O eu lírico (a voz que fala no poema) conta algo que ele fez.

a) Identifique a única ação do eu lírico citada no poema.

____

b) Considerando o sentido do poema, explique por que a forma verbal utilizada não é a mais habitual nesse contexto. Que formas verbais seriam mais adequadas para descrever a ação do eu lírico?

____

____

____

c) Levante hipóteses: Quais sentidos são construídos no poema pela forma verbal empregada?

d) Qual é o resultado da ação do eu lírico?

e) O resultado indicado por você no item **d** corresponde a uma situação que realmente acontece ou a um ponto de vista particular do eu lírico? Explique.

2. Releia estes versos:

> "enquanto o tempo
> desenha arabescos
> em meu rosto,"

a) Deduza: A que acontecimento corresponde a ação do tempo mencionada nesses versos?

b) Explique a relação entre a ação indicada nos versos e o acontecimento identificado por você no item **a**.

3. Na frase "minha árvore se transforma em poema vivo", composta de versos da segunda estrofe:

a) Qual é o sujeito? E o predicado?

b) O verbo **transformar**, que no poema aparece na forma **transforma**, quanto à predicação, é significativo ou de ligação?

c) No contexto, quais termos complementam o sentido desse verbo?

4. Agora, releia estes versos do poema:

> "suas letras são flores,
> são frutos, são música."

Filipe Rocha/Acervo da editora

a) No contexto, a que se refere o pronome **suas**, isto é, de quem são as letras?

b) Transforme esse verso em três frases independentes, com o mesmo sujeito, sem alterar o sentido original.

c) Nas frases escritas por você no item **b**:

- identifique os sujeitos.
- identifique os predicados.
- o verbo **ser**, que aparece na forma **são**, quanto à predicação, é significativo ou de ligação?
- qual é a função sintática das palavras **flores**, **frutos** e **música**?

5. Troque ideias com os colegas e o professor e conclua: Qual é a transformação a que o título do poema se refere?

Conceituando

Predicado verbal e predicado nominal

Você já sabe que o predicado é a parte da oração que tem um verbo que concorda com o sujeito e sabe também que o predicado apresenta uma informação sobre o sujeito. Ao realizar os exercícios na seção anterior, você percebeu que o predicado pode ter diferentes estruturas. Veja:

I. Na oração "O tempo desenha arabescos em meu rosto.", a forma verbal **desenha**, por ser de um verbo significativo (**desenhar**), isto é, que não é de ligação, é o **núcleo do predicado**, ou seja, é a palavra que contém a informação mais importante sobre o sujeito. Quando isso ocorre, temos o **predicado verbal**.

O tempo	**desenha** arabescos em meu rosto.
sujeito	predicado verbal (núcleo: **desenha**)

II. Na oração "Suas letras são flores.", a forma verbal **são**, por ser um verbo de ligação (**ser**), tem o papel de ligar o sujeito (suas letras) ao predicativo (flores). Nesse caso, o núcleo, isto é, o termo que contém a informação mais importante sobre o sujeito, é o predicativo do sujeito, e não o verbo. Temos, então, o **predicado nominal**.

Suas letras	são	**flores**.
sujeito	VL	predicativo do sujeito (núcleo)
	predicado nominal	

Predicado verbal é aquele que apresenta como núcleo um verbo significativo (VI, VTD, VTI ou VTDI).

Predicado nominal é aquele que apresenta como núcleo um predicativo do sujeito, que se liga ao sujeito por meio de um verbo de ligação.

Estruturas sintáticas do predicado

Predicado verbal
- VI
- VTD + OD
- VTI + OI
- VTDI + OD + OI

Predicado nominal → VL + PS

Exercícios

Leia a tira a seguir para responder às questões 1 a 4.

(Disponível em: http://www.willtirando.com.br/anesia-624/http://www.willtirando.com.br/anesia-624/. Acesso em: 11/4/2023.)

1. As duas personagens que aparecem na tira são as filhas de Anésia, uma personagem idosa conhecida por seu mau humor constante. Nessa tira, elas conversam sobre a mãe.

a) O que indica o contorno tracejado dos balões nos três primeiros quadrinhos?

____

b) Em que sentido o formato do balão e das letras do último quadrinho se contrapõe aos balões anteriores?

____

____

c) Deduza: Quem fala no último quadrinho? Justifique sua resposta com base no texto.

____

2. Observe as formas verbais **anda** e **fica** empregadas nos dois primeiros quadrinhos.

a) Qual é o sujeito dessas formas?

____

____

b) No contexto, essas formas verbais correspondem a verbos significativos ou a verbos de ligação? Justifique sua resposta.

____

____

3. Agora, observe o emprego da forma **tô** no último quadrinho.

a) A qual forma verbal ela corresponde? Por que ela foi escrita dessa forma?

b) Qual é o sujeito dessa forma?

c) No contexto, essa forma verbal estabelece uma relação entre o sujeito e:

- [ ] uma característica dele.
- [ ] uma condição inerente a ele.
- [ ] a localização dele.

d) Considerando suas respostas aos itens anteriores, troque ideias com os colegas e o professor e conclua: A forma verbal **tô** foi empregada como verbo significativo ou de ligação? Justifique sua resposta.

4. Escreva frases nas quais os verbos analisados nas questões 2 e 3 tenham predicações diferentes das identificadas por você.

5. O que é, o que é? Responda às adivinhas a seguir e, ao mesmo tempo, descubra o sujeito a que se refere cada predicado.

a) Corre no mato, para na terra.

b) Tem perna fina e cintura alongada, toca corneta e leva bofetada.

c) Sobe e desce e não sai do lugar.

d) Não faz barulho quando se levanta, mas acorda todo o mundo.

e) Tem coroa, mas não é rei; tem escamas, mas não é peixe.

f) Tem cabeça, mas não pensa; tem dentes, mas não morde; tem barba e não é bode.

6. Releia as frases do exercício anterior. Depois, responda:

a) Em quais há apenas predicado verbal?

b) Em quais há predicado verbal e predicado nominal?

Leia esta tira de André Dahmer:

(*Folha de S.Paulo*, 29/3/2018.)

7. Na tira, o personagem Malvadão pergunta a Malvadinho se ele foi um jovem sonhador.

a) Qual é o sentido da palavra **sonhador** no contexto?

b) Que tipo de sonho Malvadinho tinha, segundo ele próprio?

8. Observe o comentário de Malvadão no 3º quadrinho. A fala dele pode apresentar mais de um sentido.

a) Quais são os sentidos?

b) Qual é a predicação do verbo **sonhar**, dependendo de cada um desses sentidos?

9. Indique a predicação das formas verbais a seguir e classifique os predicados.

a) **foi**, no 1º quadrinho;

b) **sonhava**, no 2º quadrinho;

c) **sonhou**, no 3º quadrinho.

O predicado NA CONSTRUÇÃO DO TEXTO

Leia este poema de Alcides Buss, observando sua estrutura visual:

Fio de fala

A faca corta.
A faca fala

A faca fala
no seu FA...
A faca corta
no seu CA...

A faca fala
quando corta.

A faca corta
quando fala.

Filipe Rocha/Acervo da editora

— Você afia
o fio da fala?

Como a nave
corta o ar
como o vento
corta a face
e o remédio
corta a dor
a fala também
corta caminho
pro amor!

(*In*: *A poesia do ABC*. São Paulo: Cuca Fresca, 2019. p. 9.)

1. Você deve ter notado que todos os versos do poema apresentam um espaço em branco que separa algumas de suas palavras. Olhe o texto na vertical e leia o 1º verso. O que sugere o espaço em branco?

2. Na 3ª e na 4ª estrofes do poema, o autor joga com as palavras e com as ideias. Levante hipóteses sobre o que significam estas frases:

a) "A faca fala / quando corta"

b) "A faca corta / quando fala"

3. Nesse poema, o corte espacial resulta também em um **corte sintático**. Indique um exemplo em que:

a) o sujeito fica separado do seu predicado.

b) o verbo fica separado de seu objeto.

Para que servem os predicados?

O predicado é a parte mais importante das orações, pois é nele que se situa o verbo.

O predicado é expressão direta da existência do ser humano: informa o que fazemos (predicado verbal), como somos ou estamos (predicado nominal) ou como estamos no momento em que fazemos alguma coisa (predicado verbo-nominal).

4. O poema se chama "Fio de fala". Esse título faz um jogo sonoro com a expressão "fio de faca", isto é, a parte afiada da lâmina. Contudo, considerando as ideias gerais do poema, há uma grande diferença de função entre essas duas expressões.

a) O que faz, geralmente, o "fio de faca"?

b) No poema, qual é o papel do "fio de fala"?

5. Observe todos os verbos presentes no poema:

a) São significativos ou de ligação?

b) Qual é o único tipo de predicado existente em todo o texto?

c) Sabendo que:

- o **predicado verbal** indica a ação realizada pelo sujeito da oração,
- o **predicado nominal** indica características do sujeito, como qualidade e estado,

conclua: Por que, na construção do poema, há apenas o tipo de predicado indicado no item **b**?

____

____

6. Embora o papel do "fio de fala" seja unir, e não separar, o poema manteve o corte espacial até o último verso. Agora, o poeta é você: crie um verso para finalizar o poema que sugira visualmente a união entre a fala e o amor.

____

____

____

SEMÂNTICA E DISCURSO

Leia o texto de propaganda a seguir para responder às questões 1 a 4.

(Disponível: https://fnpeti.org.br/noticias/2022/02/24/nao-pule-a-infancia-campanha-do-mpt-alerta-para-consequencias-do-trabalho-infantil/. Acesso em: 12/4/2023.)

1. O texto faz parte de uma campanha que circulou em uma época específica do ano.

a) Observe os elementos visuais da peça e deduza: Que época é essa? Justifique sua resposta com base no texto.

______

______

b) Quem é o responsável pelo texto? A quem ele se dirige?

______

______

c) Qual é a finalidade dele?

______

______

2. Nesse texto de propaganda, foram empregadas diversas formas verbais no modo imperativo, dirigidas ao leitor com a função de orientá-lo.

a) Identifique essas formas verbais.

______

b) Quanto à predicação, os verbos são significativos ou de ligação? Justifique o emprego desse tipo de verbo considerando a função deles no contexto.

______

______

3. Releia a frase central do texto:

Reprodução/Ministério Público do Trabalho - MPT/Procuradoria Geral

a) Qual é o sentido da forma verbal **pule** nessa frase? O que seria, no contexto, "pular a infância"?

______

______

______

b) Essa frase dialoga com uma expressão relacionada à época do ano em que a campanha foi veiculada. Entre as opções a seguir, identifique aquela que contém o sentido de "pular" dessa expressão.

- [ ] Elevar-se do chão por impulso dos pés.
- [ ] Levantar-se rapidamente.
- [ ] Dançar animadamente.

4. No canto inferior esquerdo há uma *hashtag*, #ChegadeTrabalhoInfantil.

a) Qual das formas a seguir poderia substituir a forma verbal **chega** nesse contexto?

- [ ] atinge
- [ ] vem
- [ ] alcança
- [ ] basta

b) Nesse contexto, o verbo **chegar** é de ligação ou significativo?

____

c) Identifique entre as frases a seguir aquela na qual a forma **chega** não foi empregada com o mesmo sentido que tem no texto de propaganda lido.

- [ ] Chega de reclamações nessa casa.
- [ ] Chega de Salvador um voo todos os dias.
- [ ] Para mim já chega.
- [ ] Chega de aparecer sem avisar.

Leia o anúncio publicitário a seguir para responder às questões 5 a 9.

Editora Abril/AlmapBBDO

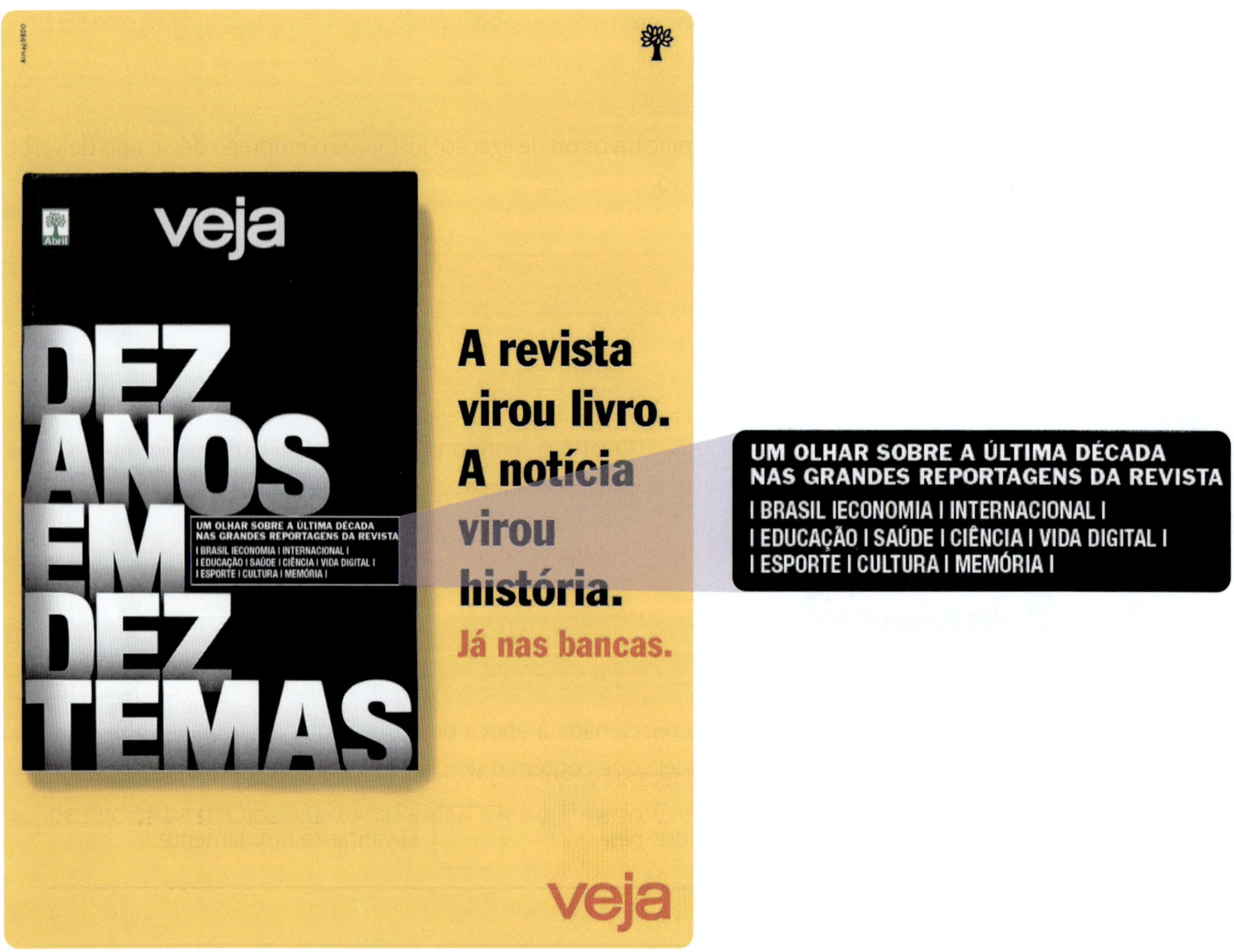

5. A respeito do texto, responda:

a) Quem é o locutor ou o responsável pela publicação do texto?

b) A que gênero pertence o texto e qual é sua finalidade principal?

c) A quem ele se dirige?

6. Na parte de fundo amarelo, lemos o enunciado: "A revista virou livro. A notícia virou história.". E na capa do livro, de fundo preto, lemos: "Dez anos em dez temas" e "Um olhar sobre a última década nas grandes reportagens da revista". Com base nessas frases, responda:

a) De que trata o livro?

b) Como ele foi construído?

7. A estrutura sintática das duas orações que compõem o enunciado principal do texto — "A revista virou livro. A notícia virou história." — é semelhante.

a) Qual é o sujeito das orações?

b) Qual é o sentido da forma verbal **virou** nessas orações? Qual é sua predicação?

c) Como se classifica o predicado dessas orações?

8. Para alcançar seu objetivo, o autor do texto precisa usar estratégias de persuasão, isto é, de convencimento dos leitores.

a) Qual é o principal argumento de persuasão utilizado no texto?

b) O texto, como um todo, promove apenas o livro ou promove também a revista anunciante? Por quê?

9. O autor do enunciado "A revista virou livro. A notícia virou história." também se vale de recursos sintáticos, semânticos e sonoros como estratégia de persuasão.

a) Identifique a **aliteração** presente nesse enunciado.

b) Como se dá o paralelismo sintático-semântico desse enunciado?

PARA ESCREVER COM adequação

Pontuação

Leia esta tira:

(Disponível em: https://www.facebook.com/tirasarmandinho/photos/a.488361671209144/2601432146568742/?type=3&theater. Acesso em: 12/4/2023.)

1. Observe as falas de Armandinho e Pudim nos dois primeiros quadrinhos.

a) Que ponto é usado no final de cada uma das frases?

____

b) Por que esse ponto é utilizado? O que ele indica, na escrita, quanto à entonação das falas, se lidas em voz alta?

____

____

____

____

2. Pudim chama Armandinho de "maluco".

a) Por que ele chama o colega dessa maneira?

____

____

b) Que pontuação é utilizada antes do termo usado para chamar Armandinho?

____

3. A tira termina com uma fala de Armandinho.

© Armandinho, de Alexandre Beck/Acervo do cartunista

a) Que sentido é construído a respeito da atitude de Armandinho com essa fala, ao final da tira?

____

____

____

____

b) Que sinal de pontuação é utilizado nessa fala?

____

____

c) Indique, entre as opções a seguir, a que melhor descreve a função da expressão utilizada por Armandinho no contexto da tira.

☐ Apontar uma dúvida sobre a responsabilidade da falta.

☐ Fazer uma pergunta ao amigo sobre o jogo.

☐ Questionar a afirmação anterior do amigo.

d) Caso a pontuação fosse "E daí!?", qual seria a alteração de sentido no contexto da tira?

____

____

____

____

____

Ao responder às questões anteriores, você percebeu que as diferenças de **entonação** da fala são marcadas, na escrita, pela **pontuação**. Além de dar indicações sobre a entonação, a pontuação contribui para organizar as frases e as orações em partes, tornando o texto mais claro e preciso.

A entonação

Na fala, as frases são marcadas pela entonação, isto é, por certo tom que o locutor dá à voz para expressar sua intenção. Na escrita, os recursos gráficos — a pontuação e o tipo de letra empregado — ajudam o leitor a perceber a entonação pretendida pelo emissor de um enunciado.

Assim, no primeiro quadrinho da tira lida na página anterior, por exemplo, a fala de Armandinho, por apresentar, além do sinal de exclamação, letras em tamanho maior que as demais, deve ser lida em um tom de voz que mostre indignação.

Vejamos o emprego de alguns sinais de pontuação.

Ponto

Emprega-se no final de frases declarativas:

Meu *videogame* quebrou.

Ponto de interrogação

Emprega-se no final de frases interrogativas diretas:

Por que você não brinca com o seu cachorro?

Ponto de exclamação

Emprega-se no final de frases exclamativas, com a finalidade de indicar estados emocionais, como espanto, surpresa, alegria, dor, etc.:

Nem pensar!

Dois-pontos

Empregam-se para introduzir uma explicação, um esclarecimento, uma citação ou a fala de um personagem:

Eu não me esqueci de trazer o que você pediu: a bola e a chuteira.

Discurso direto e discurso indireto

Discurso direto: os personagens que participam de uma história falam com as próprias palavras. Nesse caso, as falas dos personagens são geralmente marcadas por aspas ou introduzidas por travessões:

— Quem pode me ajudar a pôr a mesa?

— Eu posso, mamãe — disse João.

Discurso indireto: o narrador de uma história conta o que os personagens disseram. Nesse caso, não ocorre o uso de travessões. Veja como ficaria o trecho acima se fosse usado o discurso indireto:

A mãe perguntou quem podia ajudá-la a pôr a mesa e João respondeu que ele podia.

Travessão

Emprega-se no discurso direto para indicar mudança de interlocutor:

> A mãe sugeriu ao menino:
>
> — Brinque com seu cachorro.

Emprega-se no interior de uma frase para destacar uma palavra, expressão ou comentário intercalado:

> Pudim não percebeu a intenção de Armandinho e — de forma imprudente — tentava tirar vantagem da situação.

Vírgula

Há uma orientação básica a ser seguida quanto ao emprego da vírgula: não se deve empregá-la entre o sujeito e o predicado e entre o verbo e seus complementos. Veja:

As tardes ensolaradas da primavera	traziam	doces lembranças	ao velhinho.
sujeito	verbo	OD	OI

Empregamos a vírgula:

- para separar termos que exercem a mesma função sintática — núcleo do sujeito composto, complementos, adjuntos, predicativos —, quando não vêm unidos por **e**, **ou** e **nem**:

> Eu, meu irmão, meus primos e Pedro fomos ao cinema ontem.
>
> (Eu, meu irmão, meus primos e Pedro: sujeito composto)

- para isolar o adjunto adverbial quando ele é extenso ou quando se quer destacá-lo:

> No dia seguinte, ele saiu bem cedo para trabalhar.
>
> (No dia seguinte: adj. adv.)

- para isolar expressões explicativas, como **isto é**, **por exemplo**, **ou melhor**, **a saber**, **ou seja**:

> Combinamos que todos contribuirão com a campanha. Eu, **por exemplo**, doarei dez quilos de alimentos não perecíveis.

- para isolar o vocativo, isto é, palavra ou expressão que usamos para chamar ou interpelar alguém:

> **Filipe**, você me chamou? Venha cá, **filho**.

Exercícios

Leia a seguir uma crônica de Mario Prata e responda às questões 1 a 4.

O leite, única coisa transparente do País

Moça, o leite vem da vaca. Não é nem do super, nem da padaria. [...]

Mas os donos das vacas foram mexendo no leite, mexendo e deu no que deu.

Hoje em dia, depois de tomar um copo de leite, não precisa nem lavar o copo.

É como se você estivesse tomando água. Coitada da vaca, seu produto ficou transparente. Duvido que ela saiba que tem até com sabor framboesa. O leite foi mesmo para o brejo. [...]

Tem leite com mais cálcio e leite com mais ferro. Ferro! [...]

Filipe Rocha/Acervo da editora

Um desses leites diz — orgulhosamente — na embalagem que foram retiradas 70 por cento da gordura. Tiraram também a lactose. E, embaixo, escrevem: *alta digestibilidade*. [...]

Mas os fabricantes estão atentos com o mundo moderno. Todos eles afirmam que a embalagem é reciclável. E escrevem em todas elas: proteja a natureza!

Verdade.

Daqui a pouco vai ser a vez da água. Vão começar a tirar dela ou o H ou o O.

Água totalmente sem O! Só H_2! O O não está com nada! E vão injetar umas coisas na pobre da água que, se você não sabe, não vem da torneira, não. Vem de um negócio chamado rio que em dicionários antigos é descrito como curso de água natural.

O meu medo é que quando clonarem a vaca, já a clonem desnatada, esquentada, com pouca lactose. Acho que o boi vai **estrilar**, já que o ser humano não está nem aí. Nem que a vaca tussa.

estrilar: zangar-se, esbravejar.

(Disponível em: https://marioprata.net/cronicas/o-leite-unica-coisa-transparente-do-pais/. Acesso em: 12/4/2023.)

1. Na crônica, o narrador faz uma reclamação sobre o leite.

a) Em que consiste essa reclamação?

b) Deduza: Por que, no final do texto, o narrador diz que "o ser humano não está nem aí"?

c) Troque ideias com os colegas e o professor e explique de que forma a ambiguidade da palavra **transparente** constrói efeito de humor no título da crônica.

2. Observe o emprego do travessão na frase a seguir:

> "Um desses leites diz — orgulhosamente — na embalagem que foram retiradas 70 por cento da gordura."

a) Qual é a função desse sinal de pontuação no contexto?

b) Levando em conta toda a crônica, é possível considerar que o narrador concorda com esse sentimento de orgulho dos produtores do leite ou discorda dele? Justifique sua resposta.

c) Considerando suas respostas aos itens anteriores, conclua: Quais sentidos o travessão constrói no contexto?

3. Releia este trecho:

> "Mas os fabricantes estão atentos com o mundo moderno. Todos eles afirmam que a embalagem é reciclável. E escrevem em todas elas: proteja a natureza!"

Filipe Rocha/Acervo da editora

a) Identifique a função do sinal de dois-pontos e do ponto de exclamação nesse trecho.

b) Escolha outras duas frases do texto em que o ponto de exclamação foi empregado. Analise as diferenças de sentido produzidas por esse sinal de pontuação em cada uma delas.

4. As vírgulas cumprem diferentes funções no texto em estudo. Relacione os itens a seguir, identificando o motivo pelo qual as vírgulas foram usadas em cada trecho.

I. "Moça, o leite vem da vaca."

II. "Hoje em dia, depois de tomar um copo de leite, não precisa nem lavar o copo."

III. "[...] já a clonem desnatada, esquentada, com pouca lactose."

☐ Separar termos que exercem a mesma função sintática — núcleo do sujeito composto, complementos, adjuntos, predicativos.

☐ Isolar o adjunto adverbial quando ele é extenso ou quando se quer destacá-lo.

☐ Isolar o vocativo, isto é, palavra ou expressão que usamos para chamar ou interpelar alguém.

5. Leia os cartuns a seguir e empregue os sinais de pontuação adequados em cada lacuna. Em seguida, compartilhe suas respostas com os colegas e, juntos, verifiquem se há alguma diferença entre elas.

(Disponível em: http://www.arionaurocartuns.com.br/2019/02/. Acesso em: 12/4/2023.)

Arionauro/Acervo do cartunista

(Disponível em: http://www.arionaurocartuns.com.br/2016/. Acesso em: 12/4/2023.)

DIVIRTA-SE

Carlos Ruas/Acervo do cartunista

(Disponível em: https://www.umsabadoqualquer.com/941-einstein-8/. Acesso em: 12/4/2023.)

BIBLIOGRAFIA

ANTUNES, Irandé. *Aula de português*: encontro & interação. São Paulo: Parábola, 2003.

AZEREDO, José Carlos. *Iniciação à sintaxe do português*. 9. ed. Rio de Janeiro: Zahar, 2007.

BAGNO, Marcos. *Preconceito linguístico*: o que é, como se faz. 2. ed. São Paulo: Loyola, 1999.

BAGNO, Marcos. *Português brasileiro*: um convite à pesquisa. São Paulo: Parábola, 2001.

BAGNO, Marcos. *Gramática de bolso do português brasileiro*. São Paulo: Parábola, 2013.

BAKHTIN, Mikhail. *Marxismo e filosofia da linguagem*. São Paulo: Hucitec, 1979.

BECHARA, Evanildo. *Moderna gramática portuguesa*. 37. ed. Rio de Janeiro: Lucerna, 2000.

BRASIL. Ministério da Educação. *Base Nacional Comum Curricular*. Brasília: MEC, 2018.

CUNHA, Celso. *Gramática da língua portuguesa*. Rio de Janeiro: MEC/Fename, 1972.

FÁVERO, Leonor; KOCH, Ingedore G. V. *Linguística textual*. 2. ed. São Paulo: Cortez, 1988.

FIORIN, José Luiz. *Elementos da análise do discurso*. 5. ed. São Paulo: Contexto/Edusp, 1996.

FRANCHI, Carlos; NEGRÃO, Esmeralda V.; MÜLLER, Ana L. *Mas o que é mesmo "gramática"?*. São Paulo: Parábola, 2006.

HOUAISS, Antonio. *Dicionário eletrônico da língua portuguesa 1.0*. São Paulo: Objetiva, 2013.

ILARI, Rodolfo. *A linguística e o ensino da língua portuguesa*. 4. ed. São Paulo: Martins Fontes, 1992.

ILARI, Rodolfo. *Introdução à semântica*: brincando com a gramática. São Paulo: Contexto, 2001.

ILARI, Rodolfo. *Introdução ao estudo do léxico*: brincando com as palavras. São Paulo: Contexto, 2002.

ILARI, Rodolfo; BASSO, Renato. *O português da gente: a língua que estudamos, a língua que falamos*. São Paulo: Contexto, 2006.

ILARI, Rodolfo; GERALDI, J. W. *Semântica*. 3. ed. São Paulo: Ática, 1987.

KOCH, Ingedore G. V.; TRAVAGLIA, Luiz C. *A coerência textual*. São Paulo: Contexto, 1991.

KOCH, Ingedore G. V.; TRAVAGLIA, Luiz C. *Texto e coerência*. 4. ed. São Paulo: Cortez, 1995.

MENDONÇA, Márcia. Análise linguística no ensino médio: um novo olhar, um outro objeto. *In*: BUNZEN, Clecio; MENDONÇA, Márcia. *Português no ensino médio e formação do professor*. São Paulo: Parábola, 2006. p. 199-226.

NEVES, Maria Helena de Moura. *A gramática*: história, teoria e análise, ensino. São Paulo: Editora Unesp, 2002.

NEVES, Maria Helena de Moura. *Gramática de usos do português*. São Paulo: Editora Unesp, 2011.

NEVES, Maria Helena de Moura. *Guia de uso do português*: confrontando regras e usos. São Paulo: Editora Unesp, 2003.

NEVES, Maria Helena de Moura. *Texto e gramática*. São Paulo: Contexto, 2006.

NEVES, Maria Helena de Moura. *A gramática do português revelada em textos*. São Paulo: Editora Unesp, 2018.

PERINI, Mário A. *Para uma nova gramática do português*. 3. ed. São Paulo: Ática, 1986.

PERINI, Mário A. *Gramática descritiva do português*. 2. ed. São Paulo: Ática, 1996.

SOUZA e SILVA, M. C.; KOCH, Ingedore G. V. *Linguística aplicada ao português*: sintaxe. 7. ed. São Paulo: Cortez, 1996.

TRAVAGLIA, Luiz Carlos. *Gramática*: ensino plural. São Paulo: Cortez, 2003.

TRAVAGLIA, Luiz Carlos. *Gramática e interação*: uma proposta para o ensino de gramática. São Paulo: Cortez, 2005.

TRAVAGLIA, Luiz Carlos *et al*. *Metodologia e prática do ensino da língua portuguesa*. 2. ed. Porto Alegre: Mercado Aberto, 1986.

VIEIRA, Sílvia R.; BRANDÃO, Silvia F. *Ensino de gramática*: descrição e uso. São Paulo: Contexto, 2007.

VYGOTSKY, L. S. *Pensamento e linguagem*. São Paulo: Martins Fontes, 1993.